studio d A2

Schweizer Ausgabe
Deutsch als Fremdsprache

Vokabeltaschenbuch

Vokabeltaschenbuch

Die Vokabeln finden Sie hier in der Reihenfolge ihres ersten Auftretens in der linken Spalte aufgelistet. In der mittleren Spalte können Sie die Übersetzung in Ihrer Muttersprache eintragen. In der rechten Spalte stehen die neuen Vokabeln in einem geeigneten Satzzusammenhang.

Die chronologische Vokabelliste enthält den Wortschatz von Start bis Einheit 12, inklusive der Stationen 1–4. Wörter, die Sie nicht unbedingt zu lernen brauchen, sind kursiv gedruckt. Zahlen, grammatische Begriffe sowie Namen von Personen, Städten und Ländern sind in der Liste nicht enthalten.

Symbole, Abkürzungen und Konventionen

Ein · oder ein – unter dem Wort zeigt den Wortakzent:

a̦ = kurzer Vokal

a̲ = langer Vokal

Nach den Nomen finden Sie immer den Artikel und die Pluralform.

- dient bei Nomen der Kennzeichnung der Pluralform, z. B.:
Abend, der, -e (Plural: die Abende)
Nomen, das, - (Plural: die Nomen)
" bedeutet: Umlaut im Plural
* bedeutet: Es gibt dieses Wort nur im Singular.
, bedeutet: Es gibt auch keinen Artikel.
Pl. bedeutet: Es gibt dieses Wort nur im Plural.
etw. etwas
jdn jemanden
jdm jemandem
Akk. Akkusativ
Dat. Dativ

Die unregelmässigen Verben werden immer mit der Partizip-II-Form angegeben. Bei den Adjektiven sind nur die unregelmässigen Steigerungsformen angegeben.

Die Zahlen in Klammern zeigen verschiedene Bedeutungen an, in denen ein Wort vorkommt.

1 Sprachen und Biografien

1 Deutsch lernen

Biografie, die, -n	....	Gibt es eine Biografie von Peter Bichsel?
eigene	....	Ich schreibe meine eigene Biografie.
weil	....	Ich bin nie krank, weil ich viel Obst esse.
als	....	Englisch ist gar nicht leichter als Deutsch.
erkennen, erkannt	....	Erkennst du ihn nicht? Das ist doch Peter!

1 1 einige .... Er hat schon einige Kurse besucht.

1 1 a *staatlich* .... Gehen Ihre Kinder auf eine private oder auf eine staatliche Schule?

Literatur, die, -en .... Sie liest viel. Literatur ist ihr Hobby.

erinnern .... Erinnerst du dich noch an den Unfall?

genau .... Ja, ich erinnere mich noch ganz genau.

Kosmetikfirma, *die, Pl.:* *Kosmetikfirmen* .... Models machen oft Werbung für Kosmetikfirmen.

Kooperationspartner/in, *der/die, -/-nen* .... Meine Firma hat viele Kooperationspartner.

reisen .... Die Schweizer reisen gern nach Frankreich.

Jura, * .... Sie studiert Jura.

Technik, *die, -en* .... Von Technik verstehe ich nichts.

Geschichte, *die, * * .... Sie liest viel über Politik und Geschichte.

technisch .... Technische Dinge finde ich langweilig.

Erfindung, *die, -en* .... Aber die Spülmaschine ist eine tolle Erfindung …

faszinieren (jdn) .... … und das Internet fasziniert mich.

zum Beispiel (z. B.) .... Ich höre gern Musik, zum Beispiel Jazz.

japanisch .... Der japanische Reis schmeckt sehr gut.

Wirtschaft, *die, * * .... Die japanische Wirtschaft ist erfolgreich.

Exportland, *das, "-er* .... Deutschland ist ein wichtiges Exportland.

Zentrale, *die, -n*	....	Viele Banken haben ihre Zentrale in Frankfurt.
Wunsch, der, "-e	....	+ Haben Sie einen Wunsch? – Ja, ein Bier, bitte.
1 1 b vorlesen, vorgelesen	....	Die Mutter liest dem Kind ein Buch vor.
Studium, das, *Pl.:* Studiengänge	....	Sein Studium dauert noch vier Semester.
europäisch	....	Europäische Geschichte ist interessant.
1 2 b Aussage, die, -n	....	Diese Aussage ist richtig.
1 3 a aussagen	....	Das Foto sagt nichts über ihn aus.
1 3 b *motivieren*	....	Du hast keine Lust? Wie kann ich dich motivieren?
Italiener/in, der/die, -/-nen	....	+ Was machen die Italiener alle hier?
Erasmus-Student/in, *der/die, -en/-nen*	....	– Das sind Erasmus-Studenten.
Auslandssemester, das, -	....	+ Sie verbringen zwei Auslandssemester in Deutschland.
deutsch	....	– Mögen sie die deutsche Küche?
begeistert	....	+ Ja sehr, sie sind begeistert.
ziehen (nach), gezogen	....	In drei Monaten ziehe ich nach Zürich.

ger<u>a</u>de (zur Zeit)	....	+ Was machst du gerade?
Pr<u>ü</u>fung, die, -en	....	– Ich lerne für meine Abschlussprüfung.
Intens<u>i</u>vkurs, der, -e	....	Die Sprachschule bietet Intensivkurse an.
Pr<u>a</u>ktikum, das, *Pl.:* Pr<u>a</u>ktika	....	An der Uni muss jeder ein Praktikum machen.
Ger<u>i</u>cht (1), das, -e	....	Ich habe einen Termin beim Gericht. Ich muss eine Aussage machen.
fantas<u>ie</u>reich	....	Das ist nicht sehr fantasiereich – das ist langweilig!
kompl<u>e</u>x	....	Dieses Thema ist sehr komplex.
Her<u>au</u>sforderung, die, -en	....	Ich suche neue Herausforderungen.
Erf<u>o</u>lg, der, -e	....	Nur so kann ich Erfolg haben.
Yor<u>u</u>ba, das, * (Sprache)	....	In meiner Klasse spricht niemand Yoruba.
F<u>a</u>chhochschule, die, -n	....	+ Studierst du an der Fachhochschule?
<u>Au</u>sbildung, die, -en	....	– Nein, ich mache eine Ausbildung.
<u>ä</u>hnlich	....	Mein Bruder ist mir sehr ähnlich.
<u>A</u>nfang, der, "-e (am Anfang)	....	Am Anfang war das Wort …

	Universitätsdiplom, das, -e	Mit Universitätsdiplom findest du sicher einen Job.
	Politik, die, *	Interessierst du dich für Politik?
	vielleicht	Vielleicht gehe ich heute aus. Mal sehen.
14	**korrigieren**	Die Lehrerin korrigiert jeden Fehler.
	direkt	+ Fliegst du direkt? – Nein, ich steige in Zürich um.
	nigerianisch	Ich habe einen nigerianischen Freund.
16	*Mehrsprachigkeit, die, * *	Für viele ist Mehrsprachigkeit ganz normal.
	biografisch	biografisches Erzählen = über sein Leben erzählen
	Erzählen, das, *	Das Erzählen von Geschichten ist schön.
	interviewen	Nach dem Spiel interviewen wir den Fussballspieler.
	Interesse, das, -n	Ihr Interesse für Musik ist gross.
	Schulfach, das, "-er	Ist Religion in deinem Land ein Schulfach?
17 a	**unterstreichen,** unterstrichen	Bitte alle Verben im Text unterstreichen.
	Gitarre, die, -n	Kannst du Gitarre spielen?

spielen	....	Sein Vater spielt abends oft Gitarre.
1 7 b weiterkommen, weitergekommen	....	Mit diesem Problem komme ich nicht weiter. Kannst du mir helfen?

2 Mehrsprachigkeit oder Englisch für alle?

2 1 weitere	....	Sprechen Sie noch weitere Sprachen?
2 2 Rätsel, das, -	....	Wer kann dieses Rätsel lösen?
*Genuesisch, das, * (Sprache)*	....	Genuesisch verstehe ich nicht.
italienisch	....	Meine italienischen Freunde kommen aus Rom.
Dialekt, der, -e	....	Sie sprechen auch einen Dialekt.
Portugiese/Portugiesin, der/die, -n/-nen	....	Meine Schwester ist in einen Portugiesen verliebt.
heiraten	....	Die beiden wollen nächstes Jahr heiraten.
benutzen	....	Ich benutze mein Wörterbuch sehr oft.
Umgangssprache, die, -n	....	Die Umgangssprache lernt man auf der Strasse.

Portugiesisch, das, *	....	Sprichst du Portugiesisch?
Jahrhundert, das, -e	....	1800 bis 1899: das 19. Jahrhundert
ganz	....	+ Ich bin ganz begeistert von dem Geschäft!
normal	....	– Aber das ist doch nur ein normaler Laden.
König, der, -e	....	Der König wohnt in einem alten Schloss.
Schiff, das, -e	....	Das Schiff liegt im Hafen.
segeln	....	Es gibt viel Wind! Komm, wir gehen segeln.
2 3 *Zitat, das, -e*	....	Kennst du dieses Zitat von Shakespeare?
Meinung, die, -en	....	Ihre politische Meinung interessiert uns.
*Muss, das, **	....	Der Weg über die Kapellbrücke ist ein Muss für jeden Luzern-Touristen.
*Plus, das, **	....	Dieses Fitness-Studio hat eine Sauna. Das ist ein grosses Plus!
Vorteil, der, -e	....	Die zentrale Lage ist auch ein Vorteil.
Präsident/in, der/die, -en/-nen	....	Dieser Präsident macht gute Politik.
Fremdsprache, die, -n	....	Wie viele Fremdsprachen sprichst du?

2 4 **Arabisch,** das, * .... Ich kann leider kein Arabisch sprechen.

Weltsprache, *die, -n* .... + Ist das denn eine Weltsprache?
— Sicher.

nützlich .... Eine Waschmaschine ist sehr nützlich.

2 6 a **Rock,** der, * (Rockmusik) .... Ich höre am liebsten Rock oder Jazz.

2 6 b **Erwachsene,** der/die, -n .... Ein Erwachsener ist mindestens 18 Jahre alt.

Griechisch, das, * .... + Kannst du Griechisch?

Latein, das, * .... — Nein, ich habe nur Latein gelernt.

Unterricht, der, * .... Der Unterricht geht von neun bis 13 Uhr.

Blume, die, -n .... Du hast schöne Blumen auf dem Balkon.

Metall, das, -e .... Mein Kugelschreiber ist aus Metall.

2 7 **Selbsttest,** der, -s .... Das Ergebnis von meinem Selbsttest ist gut.

populär .... Radfahren ist sehr populär in der Schweiz.

3 Rekorde

Rekord, *der, -e* .... Der Weltmeister hält seinen Rekord.

3❶ *fischen* .... Am Fluss kann man fischen.

Streichholz, *das, "-er* .... + Rauchen Sie?
– Ja, aber ich habe keine Streichhölzer.

pusten .... Achtung heiss! Du musst pusten.

pfeifen, gepfiffen .... Ich pfeife und mein Hund kommt.

Ton, *der, "-e* .... Er kennt den Ton von mir.

3❷ **Vergleich**, *der, -e* .... Im Vergleich zu Tokio ist Berlin klein.

3❷b so wie .... Ich möchte auch so schön sein wie sie.

3❸ *französisch* .... Sie liebt die französische Küche.

britisch .... Sie findet die britischen Männer elegant.

Sanduhr, *die, -en* .... Die Sanduhr gibt es seit dem 14. Jahrhundert.

Digitaluhr, *die, -en* .... Ich finde meine Digitaluhr sehr schick.

Kuckucksuhr, *die, -en* .... Da hängt eine Kuckucksuhr an der Wand.

3 5 **Wettbewerb,** der, -e | .... | Es gibt einen Wettbewerb für Fotografen. | **12**

schicken | .... | Hast du ihnen die Fotos schon geschickt?

Fernsehen, das, * | .... | Das Fernsehen sendet viele Quizshows.

3 5 a **Begründung,** die, -en | .... | Du warst nicht da. Ich hoffe, du hast eine gute Begründung!

warum | .... | Warum kommst du immer zu spät?

verrückt | .... | Bei dem Wetter nur ein T-Shirt? Du bist ja verrückt!

gerade ≠ **ungerade** | .... | Zwei und vier sind gerade, drei und fünf sind ungerade Zahlen.

Rhabarbermarmelade, die, -n | .... | Rhabarbermarmelade schmeckt süss.

Klang, der, "-e | .... | Hörst du diesen schönen Klang?

*Sommerregen, der, * * | .... | + Wollen wir durch den Sommerregen laufen?

Geruch, der, "-e | .... | – Oh ja, ich liebe diesen Geruch nach Regen!

Kichererbse, die, -n | .... | Heute Mittag gibt es Kichererbsen.

lustig | .... | Der Film ist sehr lustig. Ich habe viel gelacht.

Sternschnuppe, die, -n | .... | + Gestern Abend habe ich eine Sternschnuppe gesehen.

Einheit 1

frei haben (einen Wunsch)	....	– Dann hast du jetzt einen Wunsch frei.
entfernt	....	Wie weit ist Solothurn von Bern entfernt?
3 **5** b **Umfrage**, die, -n	....	Wie sind die Ergebnisse von der Umfrage?

Übungen

Ü **1** **Kaufmann/-frau**, der/die, ¨ -er/-en	....	Sie arbeitet als Kauffrau in einem Verlag.
Lehrstelle, die, -n	....	Boris hat noch keine Lehrstelle.
Obstgeschäft, das, -e	....	Sie arbeitet in einem Obstgeschäft.
Gedanke, der, -n	....	Diesen Gedanken möchte ich nicht zu Ende denken.
Ü **1** c **einmal**	....	In Kanada habe ich einmal einen Bären gesehen.
Ü **4** *Tanzkurs, der, -e*	....	– Ja, ich mache einen Tanzkurs.
verbessern	....	Du bist gut, aber du kannst dich noch verbessern.
verstehen (sich mit jdm), verstanden	....	Ich verstehe mich gut mit meiner Kollegin.

passend	....	Gibt es zu der Bluse einen passenden Rock?
Ü5 **SMS,** das, oder -	....	Hast du mein SMS bekommen?
Finnisch, das, *	....	Finnisch ist eine schwierige Sprache.
Grundlage, die, -n	....	Latein ist eine gute Grundlage, wenn man Grammatik lernen will.
Vorkenntnis, die, -se	....	+ Braucht man für diesen Kurs Vorkenntnisse?
erforderlich	....	– Nein, Vorkenntnisse sind nicht erforderlich.
beherrschen	....	Er möchte die Grammatik beherrschen.
Funktion, die, -en	....	Mein Handy hat sehr viele Funktionen.
Einstellung, die, -en	....	Ich kann z. B. neue Einstellungen auswählen.
Mailbox, die, -en	....	Ich habe ihm auf die Mailbox gesprochen.
Rückruf, der, -e	....	Jetzt warte ich auf seinen Rückruf.
Grundkurs, der, -e	....	Für Anfänger ist ein Grundkurs ideal.
Gesellschaftstanz, der, "-e	....	Gesellschaftstänze sind wieder modern.
erlernen	....	Sie können verschiedene Tänze erlernen.

Schrittkombination, *die,* -*en*	....	Einige Schrittkombinationen sind schwer.
klettern	....	Klettern ist als Sport in Mode gekommen.
Nichtschwimmer/in, der/die, -/-nen	....	Er hat Angst im Wasser, weil er Nichtschwimmer ist.
Ü6 **Webseite,** die, -n	....	Seine Firma hat jetzt auch eine Webseite.
Nachricht, die, -en	....	Twitter ist ein Nachrichtenservice im Internet.
Twitter	....	Hast du schon Twitter benutzt?
Japanisch, das, *	....	+ Kannst du Japanisch sprechen?
Malaiisch, das, *	....	Es gibt immer mehr Twitter-Nachrichten auf Malaiisch.
wachsen, gewachsen	....	In seinem Garten wachsen schöne Rosen.
Ü8 *Gepard, der,* -*en*	....	+ Habt ihr im Zoo auch Geparden gesehen?
Wanderfalke, der, -n	....	– Nein, aber einen schönen Wanderfalken.
Erde, die, *	....	+ Es gibt viele schöne Tiere auf der Erde!
Nacktmull, der, -s	....	– Ja, aber Nacktmulls sind hässlich.
niemand	....	Niemand ist perfekt!

Walhai, der, -e	....	Walhaie leben im Meer.
Blauwal, der, -e	....	Blauwale sind sehr intelligente Tiere.
zwar	....	Einige Tiere sind zwar schön, aber nicht intelligent.
Wal, der, -e	....	Aber Wale sind intelligent und schön.
Vogel Strauss, der, "-/-e	....	Der Vogel Strauss kann nicht fliegen.
Giraffe, die, -n	....	Giraffen leben in Afrika.
Laufvogel, der, "-	....	Laufvögel können nicht fliegen.

2 Familienalbum

Familienalbum, das, Pl.: Familienalben	....	Dieses Foto gehört ins Familienalbum.
Fam**i**lienfest, das, -e	....	+ Feiert ihr oft grosse Familienfeste?
beglückwünschen (jdn)	....	– Nein, aber wir beglückwünschen uns immer zum Geburtstag.

<u>aus</u>drücken	....	Er hat seine Meinung klar ausgedrückt.

1 Familiengeschichten

1❶ l<u>e</u>tzter, l<u>e</u>tzte, l<u>e</u>tztes .... Letztes Jahr sind wir nach Rom gefahren.

h<u>i</u>nten .... Da hinten ist Peter. Siehst du ihn?

M<u>i</u>tte, die, * (in der Mitte) .... + Im Theater sitze ich gern in der Mitte.

v<u>o</u>rn .... – Ich sitze lieber vorn in der ersten Reihe.

<u>E</u>nkelkind, das, -er .... Ich möchte einmal Enkelkinder haben.

f<u>e</u>hlen .... + Mein Bruder ist in den USA. Er fehlt mir.

gesch<u>ie</u>den (sein) .... – Ist er verheiratet?
+ Nein, er ist geschieden.

Schw<u>e</u>ster, die, -n .... Aber meine Schwester ist verheiratet.

1❸ *rh<u>y</u>thmisch* .... Sie macht rhythmische Gymnastik.

m<u>i</u>tsprechen, m<u>i</u>tgesprochen .... Sprechen Sie die Wörter laut mit.

M<u>u</u>tter, die, "- .... Meine Mutter ist aus einer grossen Familie.

Tante, die, -n .... Deshalb habe ich vier Tanten …

Onkel, der, - .... … und drei Onkel.

Cousin/Cousine, der/die, -s/-n .... Und ich habe sehr viele Cousins und Cousinen.

Grossvater/-mutter, der/die, "-/"- .... Meine Grossmutter ist schon sehr alt.

Generation, die, -en .... Die Familie lebt seit vielen Generationen in diesem Haus.

Er/Sie lebe hoch! .... Das Geburtstagskind lebe hoch!

1 **4** **Eltern,** die, Pl. .... Eltern lieben ihre Kinder.

Single, der, -s .... + Lebst du allein?
– Ja, ich bin Single.

ledig .... + Ist er verheiratet?
– Nein, er ist ledig.

2 Familie und Verwandtschaft

Verwandtschaft, die, * .... Zu Weihnachten kommt die ganze Verwandtschaft.

2 **1** **Beziehung,** die, -en .... + Hast du eine gute Beziehung zu deinen Verwandten?

Grosseltern, die, *Pl.*	....	– Ja, meine Grosseltern besuche ich oft.
Oma, die, -s	....	Meine Oma backt dann leckeren Kuchen.
2 **2** **da vorn**	....	+ Da vorn auf dem Bild ist Onkel Emil.
da hinten	....	– Und da hinten sieht man dich ganz klein.
Urgrosseltern, die, *Pl.*	....	+ Leben deine Urgrosseltern noch?
Opa, der, -s	....	– Nein, und mein Opa ist schon sehr alt.
Enkel/in, der/die, -/-nen	....	Er liebt seine Enkel sehr.
Grosskind, das, -er	....	Haben Sie Grosskinder?
Schwiegersohn, -tochter, der/die, "-e/"-	....	+ Du bist wirklich ein toller Schwiegersohn!
Schwiegereltern, die, *Pl.*	....	– Danke, leider denken meine Schwiegereltern das nicht.
2 **5** a **Geschwister,** die, *Pl.*	....	Hast du viele Geschwister?
Es geht so.	....	+ Wie geht's? – Naja, es geht so.
2 **7** **schenken**	....	Ich möchte Lena gern etwas schenken.
Geschenk, das, -e	....	Hast du eine Idee für ein Geschenk?

Blumenstrauss, der, ¨-e .... Bring ihr doch einen Blumenstrauss mit.

2 8 b kariert .... Das karierte Hemd steht dir sehr gut!

2 9 Laut, der, -e .... Die Aussprache von dem Laut ist schwer.

Bratwurst, die, ¨-e .... + Magst du Bratwürste?

Wienerli, das, - .... Ich mag gerne Wienerli.

Weissbier, das, -e .... Und dazu trinke ich ein Weissbier.

3 Familie heute

Grosselterndienst, der, -e .... + Wie hast du den Grosselterndienst
gefunden?

Plakat, das, -e .... – Ich habe ein Plakat gesehen.

Freude, die, -n .... + Macht dir diese Arbeit Freude?

Berufung, die, -en .... – Ja, ich glaube, sie ist meine Berufung.

engagieren (jdn) .... Ich habe einen Studenten als Babysitter
engagiert.

Existenzhilfe, die, -n .... Junge Eltern brauchen Existenzhilfe.

Alleinerziehende, *der/die, -n*	....	Alleinerziehende haben es oft schwer.
Spassfaktor, *der, -en*	....	Kinder können auch ein Spassfaktor sein.
Langeweile, *die, **	....	Ich arbeite viel. Langeweile habe ich nie.
Einsamkeit, die, *	....	Einsamkeit ist ein Problem für viele alte Leute.
3 **1** a **wofür**	....	+ Wofür ist das Geld?
Sportprogramm, *das, -e*	....	– Für ein Sportprogramm für Jugendliche.
Grossfamilie, *die, -n*	....	Grossfamilien gibt es heute kaum noch.
Kinderbetreuung, *die, **	....	Ohne Kinderbetreuung ist Arbeit für Eltern ein Problem.
3 **1** b **fit halten**, gehalten	....	Kinder halten Grosseltern fit.
3 **1** c **aufpassen** (auf jdn oder etw.)	....	Kannst du kurz auf mein Baby aufpassen?
3 **2** a **Grafik**, die, -en	....	Auf dieser Grafik sieht man alle Zahlen.
Priorität, *die, -en*	....	Die Gesundheit hat für mich oberste Priorität.
Verbindung, die, -en	....	Die Verbindung von Beruf und Familie funktioniert oft nicht.
problematisch	....	Sie ist oft problematisch.

total	....	Vier Stühle von Ikea, total 100 Franken.
Familienhaushalt, *der, -e*	....	Es gibt viele Familienhaushalte mit zwei Kindern.
Schätzung, *die, -en*	....	Viele Schätzungen sind falsch.
auswerten	....	Er muss die Ergebnisse noch auswerten.
alleine	....	Viele Menschen leben alleine.
3 3 a **Treppe,** die, -n	....	Wir gehen die Treppe hoch.
Boden, der, "-	....	Alles liegt auf dem Boden – ein Chaos!
Mieter/in, der/die, -/-nen	....	Wir haben neue Mieter im Haus.
3 3 b gegen	....	Ich bin gegen diese Reise. Sie ist zu teuer.
Kinderlärm, *der, **	....	Der Kinderlärm stört mich bei der Arbeit.
Lärm, der, *	....	Sei leise und mach nicht solchen Lärm!
ausziehen (1), **ausgezogen**	....	Die Wohnung ist zu klein. Ich will ausziehen.
klarkommen mit jdm, *klargekommen*	....	Er kommt mit seinen Nachbarn gut klar.
akzeptieren	....	Ich kann das Angebot nicht akzeptieren.

Streit, der, -s	....	Ich habe immer Streit mit ihm.
manche	....	Manche Menschen verstehen sich nicht.
stören	....	Stört es Sie, wenn ich rauche?
Kinderwagen, der, -	....	Das Baby schläft im Kinderwagen.
gehen (um etw. oder jdn), gegangen	....	Was ist das Problem? Worum geht es?
Hof, der, "-e	....	Die Kinder spielen auf dem Hof.
Hausordnung, die, -en	....	Das ist gegen die Hausordnung.
eben	....	Es sind eben Kinder. Alle Kinder spielen.
Schluss, der, *	....	Der Schluss des Films war traurig.
Vermieter/in, der/die, -/-nen	....	Der Vermieter möchte keine Tiere im Haus haben.
interessiert	....	Sie ist sehr an der Wohnung interessiert.
Miete, die, -n	....	Die Miete ist viel zu hoch.
Zuschrift, die, -en	....	Er hat 50 Zuschriften auf die Anzeige bekommen.

3 3 c Kritik, die, * .... + Ich kann deine Kritik nicht mehr hören! **24**

Argument, das, -e .... – Ja, aber deine Argumente sind nicht gut.

3 5 b wählen .... Ich nehme einen Salat. Und du? Hast du schon gewählt?

hoffen .... Ich hoffe, dass morgen gutes Wetter ist.

4 Familienfeiern – Einladungen

Einladung, die, -en .... Danke für die Einladung zu deiner Party!

4 1 *Grusskarte*, die, -n .... Er schickt mir jedes Jahr eine Grusskarte.

Herzliches Beileid! .... Sie haben Ihren Mann früh verloren. Herzliches Beileid!

Geburt, die, -en .... Das Baby ist da! Es war eine leichte Geburt.

Zivilstandsamt, das, "-er .... Sie heiraten auf dem Zivilstandsamt.

Hochzeit, die, -en .... Wir heiraten, die Hochzeit ist im Mai.

Alles Gute! .... Wir wünschen euch alles Gute!

Geburtstagsparty, die, -s .... + Kommst du zu meiner Geburtstagsparty?

Adresse, die, -n	....	– Ja, gern. Wie ist deine Adresse?
Herzlichen Glückwunsch!	....	Herzlichen Glückwunsch zum Geburtstag!
Viel Glück!	....	Viel Glück für den Test!
4 2 *Glückwunschlied, das, -er*	....	In der Schule singen alle ein Glückwunschlied.
singen, gesungen	....	Welches Lied singt ihr denn?
stürmen	....	Was für ein Wind. Es stürmt!
strahlen	....	Er strahlt, weil er glücklich ist.
Sonnenschein, der, *	....	Das Wetter ist toll. Nur Sonnenschein!
vermissen	....	Ich mag Deutschland, aber ich vermisse meine Familie.
beisammen sein	....	An Omas Geburtstag sind alle beisammen.
Träne, die, -n	....	Bist du traurig? Du hast Tränen in den Augen.
4 3 *Beileid, das, **	....	Herzliches Beileid!
aussprechen, <u>aus</u>gesprochen	....	Ich habe ihr mein Beileid ausgesprochen.
gratulieren	....	Ich gratuliere dir herzlich.

Einheit 2

Prüfung, die, -en .... Du hast die Prüfung gut gemacht!

Jubiläum, das, Pl.: Jubiläen .... Wir feiern heute unser zehnjähriges Jubiläum.

bedanken (sich) .... Ich möchte mich bei allen Gästen bedanken.

Wiedersehen, das, - .... Auf Wiedersehen! Bis bald!

Vielen Dank! .... Du hast mir sehr geholfen. Vielen Dank!

verabschieden .... Sie verabschieden sich am Bahnhof.

schriftlich .... Sie hat die Gäste schriftlich eingeladen.

Übungen

Ü **2** b **einsam** .... + Bist du einsam?

zusammen sein, gewesen .... – Nein, ich bin mit einem Mann zusammen.

zusammenleben .... + Lebt ihr auch zusammen?

Ü **5** a **Hut,** der, "-e .... Hüte sind nicht mehr modern.

gestreift .... Das gestreifte Hemd sieht gut aus.

Ü7 *meckern*	....	+ Warum meckerst du immer?
Gehsteig, der, -e	....	– Die Leute fahren auf dem Gehsteig Rad.
ärgern (sich über etw./jdn)	....	+ Darüber ärgerst du dich?
Ü9 *Kleinfamilie, die, -n*	....	Für eine Kleinfamilie ist das Haus zu gross.
Ü11 **Fest,** das, -e	....	+ Du bist schick! Gehst du zu einem Fest?
Silberhochzeit, die, -en	....	– Ja, meine Eltern feiern Silberhochzeit.

3 Reisen und Mobilität

Mobilität, die, *	....	In seinem Beruf ist Mobilität wichtig.
Vermutung, die, -en	....	Diese Vermutung ist falsch.
äussern	....	Sie dürfen Ihre Meinung gern äussern.
wahrscheinlich	....	Der Himmel ist grau. Wahrscheinlich regnet es bald.
buchen	....	Er hat den Flug schon gebucht.

Gegensatz, der, "-e	....	Im Gegensatz zu ihm trinkt sie lieber Wein statt Bier.
Alternative, die, -n	....	Allein leben ist auch keine Alternative.
sollen	....	Mein Arzt sagt, ich soll nicht rauchen.

1 Eine Reise

1 1

Autoschlüssel, der, -	....	Wo ist denn wieder der Autoschlüssel?
Notebook, das, -s	....	In meinem Notebook stehen alle Termine.
Reisepass, der, "-e	....	Für die New-York-Reise brauchst du einen Reisepass.
Sonnenbrille, die, -n	....	Es ist hell. Ich brauche meine Sonnenbrille.
Lippenstift, der, -e	....	Sie kauft sich einen roten Lippenstift.
Teddy, der, -s	....	Der kleine Junge liebt seinen Teddy.
Reiseführer, der, -	....	Der Tourist liest seinen Reiseführer.
Kundenkarte, die, -n	....	Die Kassiererin fragt nach der Kundenkarte.
Billet, das, -e	....	Er kauft das Billett am Bahnhof.

	Messeausweis, der, -e	....	Für die Messe braucht man einen Messeausweis.
	Kamm, der, "-e	....	Wo ist mein Kamm? Meine Haare sehen schlimm aus.
	Portemonnaie, das, -s	....	Ich habe nie viel Geld im Portemonnaie.
	Kreditkarte, die, -n	....	Kann man hier mit Kreditkarte bezahlen?
	Visitenkarte, die, -n	....	Rufen Sie mich an. Hier ist meine Visitenkarte.
	Identitätskarte, die, -n	....	Wo ist deine Identitätskarte?
1❷	**Geschäftsreise,** die, -n	....	Ihr Mann ist oft auf Geschäftsreise.
	Messe, die, -n	....	Als Vertriebsleiter besucht er viele Messen.
	Konferenz, die, -en	....	Sie muss oft an Konferenzen teilnehmen.
	Verwandte, der/die, -n	....	Manchmal besucht er seine Verwandten.
1❹	**mitnehmen,** mitgenommen	....	Hast du deine Kamera mitgenommen?

2 Eine Reise planen und buchen

2❶a **abfahren,** abgefahren .... Der Zug fährt um 10:52 Uhr ab.

2 1 b hin (und retour)	....	Wir fahren am Montag hin …
retour	....	… und am Donnerstag wieder retour.
Halbtax-Abo, das	....	Mit dem Halbtax-Abo ist die Fahrt billiger.
Klasse (2. Klasse bei der Bahn), die, *	....	Ich fahre immer 2. Klasse.
bar (zahlen)	....	Möchten Sie bar oder mit Karte bezahlen?
(*Schweizer*) **Franken,** der, -	....	In der Schweiz zahlt man mit Schweizer Franken.
umsteigen, umgestiegen	....	Sie müssen in Dortmund umsteigen.
ausdrucken	....	Hast du die Verbindung ausgedruckt?
Bitte schön!	....	Hier ist Ihre Fahrkarte, bitte schön.
recherchieren	....	Das weiss ich nicht. Da muss ich recherchieren.
2 2 **Reisebüro,** das, -s	....	Sie hat den Flug im Reisebüro gebucht.
Flug, der, "-e	....	Der Flug geht früh morgens.
Flugzeit, die, -en	....	+ Wie ist die genaue Flugzeit? – 8:36 Uhr.
ab	....	Sie fliegen ab Frankfurt.

2**3**	**auswählen**	....	Wählen Sie den Wein aus, bitte.
	ganzjährig	....	Die Busse fahren ganzjährig.
	Hinfahrt, die, -en	....	Auf der Hinfahrt habe ich nur geschlafen.
	ich hätte gern …	....	Ich hätte gern zwei Tickets, bitte.
	Fahrschein, der, -e	....	Er kauft den Fahrschein im Reisebüro.
	Rückflug, der, "-e	....	Ihr Rückflug geht morgen früh.
	Direktflug, der, "-e	....	Sie hat einen Direktflug gebucht.
	Reservierung, die, -en	....	Haben Sie eine Sitzplatzreservierung?
2**4**	**Buchung,** die, -en	....	Die Buchung im Internet ist bequem.
	Dauer, die, *	....	Die Reisedauer ist per Bus länger.
2**5**	*Reiseplan, der, "-e*	....	Hast du schon Reisepläne für den Sommer?
	dauern	....	Der Flug dauert vier Stunden.
2**6**	**Fahrplan,** der, "-e	....	+ Hast du den Fahrplan angesehen?
	Regionalzug, der, "-e	....	– Ja, der Regionalzug fährt in zehn Minuten.

Gleis, das, -e	....	Der Zug fährt von Gleis 5 ab.
2 7 **aussteigen**, **aus**gestiegen	....	Wir sind da. Wir müssen aussteigen.
Fussweg, der, -e	....	Zum Kino sind es nur 15 Minuten Fussweg.
Platzkarte, die, -n	....	Im Theater gibt es Platzkarten.
Ticket, das, -s	....	+ Hast du die Tickets gekauft?
Sitzplatz, der, "-e	....	– Ja, wir haben gute Sitzplätze ganz vorne.

3 Aufforderungen und Alternativen

Aufforderung, die, -en	....	Nach vielen Aufforderungen hat er die Rechnung endlich bezahlt.
3 1 a **Nachricht**, die, -en	....	Er hatte einen Unfall. Was für eine schlechte Nachricht!
3 2 **mitbringen**, **mit**gebracht	....	Bring deinen Freund zu meiner Party mit.
3 3 *Latte Macchiato, der, -*	....	Ich trinke gern Kaffee. Am liebsten Latte Macchiato.
Espresso, der, Pl.: Espressi	....	Nach dem Essen trinkt sie einen Espresso.
koffeinfrei	....	Abends trinkt er nur koffeinfreien Kaffee.

Süssstoff, der, *	....	Zucker macht dick. Ich nehme Süssstoff.
sofort	....	+ Kommst du? – Ja, ich komme sofort.
Quizshow, die, -s	....	Im Fernsehen gibt es viele Quizshows.

4 Gute Fahrt!

	Gute Fahrt!	....	Gute Reise! Gute Fahrt!
4 **1**	*S-Bahn-Impression*, die, -en	....	Diese Fotos sind S-Bahn-Impressionen.
4 **1** b	*Stillstand*, der, *	....	Stillstand ≠ Bewegung
	Neubau, der, Pl.: Neubauten	....	Das ist ein Neubau aus den 90er Jahren.
4 **2**	schauen	....	Ich schaue gern aus dem Fenster.
4 **3** a	schwierig	....	Die deutsche Grammatik ist schwierig.
	Maulwurf, der, "-e	....	Euer Garten sieht schlimm aus. Sind da Maulwürfe?
	Meise, die, -n	....	Meisen sind süsse kleine Vögel.

beschliessen, *beschlossen*	....	Wir ziehen um. Das haben wir gestern beschlossen.
verreisen	....	Im Urlaub möchten wir verreisen.
ob	....	Wisst ihr schon, ob ihr mit dem Auto fahrt?
dabei	....	Er spielt Tennis. Er hat viel Spass dabei.
Ameise, *die, -n*	....	Ameisen sind kleine Tiere, die viel arbeiten.
verzichten	....	Ich brauche kein Auto. Ich verzichte darauf.
weise	....	Meine Grossmutter kennt das Leben. Sie ist eine weise Frau.
4 4 Vergangenheit, die, *	....	Du denkst zu viel an die Vergangenheit.
Zukunft, die, *	....	Die Zukunft liegt vor dir. Sie ist wichtiger!
vorhaben	....	Was hast du denn in der Zukunft vor?

Übungen

Ü 2 Wiederholung, die, -en	....	Diese Übung ist eine Wiederholung.
Ü 3 ausmachen	....	Kannst du bitte das Radio ausmachen?

Doppelzimmer, das, -	....	Wir haben ein Doppelzimmer reserviert.
Blick, der, -e	....	Wir haben einen schönen Blick aufs Meer.
Ü5a **Dusche,** die, -n	....	Es ist heiss. Ich möchte unter die Dusche.
Klimaanlage, die, -n	....	Das Hotel hat eine Klimaanlage.
Minibar, die, -s	....	+ Hatten Sie etwas aus der Minibar? – Ein Bier.
Pool, der, -s	....	Morgens gehe ich im Pool schwimmen.
Tennisplatz, der, "-e	....	Es gibt auch einen Tennisplatz.
Animateur/in, der/die, -e/-nen	....	Im Urlaub hatten wir gute Animateure für die Kinder.
Ü7 **Nacht,** die, "-e	....	In der Nacht hatte ich einen Traum.
stellen (2)	....	Er stellt das Bier in den Kühlschrank.
Anmeldeformular, das, -e	....	Bitte schreiben Sie Ihren Namen und Ihre Adresse auf das Anmeldeformular.
Ü8a **kopieren**	....	Ich brauche diesen Text. Kann ich ihn schnell kopieren?
abschliessen, abgeschlossen	....	Du musst die Tür noch abschliessen.

Ü10 *Hundeschlitten, der, -* .... + Wir sind mit dem Hundeschlitten gefahren.

Elektrizität, die, * .... – Hattet ihr dort in der Natur Elektrizität?

Feuer, das, - .... + Nein, wir haben ein Feuer gemacht.

Station 1

1 Berufsbild selbstständige Übersetzerin

selbstständig .... + Bist du angestellt?
– Nein, ich bin selbstständig.

Übersetzer/in, der/die, -/-nen .... Er arbeitet als Übersetzer bei Gericht.

Geschäftsidee, die, -n .... Das war eine erfolgreiche Geschäftsidee.

1 2 *Berufswahl, die, ** .... Die Berufswahl ist heute schwierig.

Master, der, * (akad. Titel) .... In welchem Fach hast du deinen Master gemacht?

Übersetzung, die, -en .... Hast du eine Übersetzung von dem Buch?

dolmetschen	....	Ich spreche kein Russisch. Wer kann dolmetschen?
ausländisch	....	Hier gibt es viele ausländische Studenten.
Examensarbeit, die, -en	....	Er muss seine Examensarbeit schreiben.
tippen	....	Den Text tippt er am Computer.
Kommunikationsexperte/ -expertin, der/die, -n/-nen	....	Firmen brauchen erfahrene Kommunikationsexperten.
anfragen	....	Haben Sie bei der Firma schon den Termin angefragt?
Bedienungsanleitung, die, -en	....	Wo ist die Bedienungsanleitung von meinem Handy?
anstrengend	....	Die Arbeit ist anstrengend.
konzentrieren (sich)	....	Ich muss mich konzentrieren, sei bitte leise.
bekannt	....	Madonna ist überall auf der Welt bekannt.
Lettisch, das, *	....	+ Sprechen Sie Lettisch?
Albanisch, das, *	....	– Nein, aber ich spreche Albanisch.
Auftrag, der, "-e	....	Der Firma geht es gut. Sie hat viele Aufträge.
praktisch	....	Eine Spülmaschine ist sehr praktisch.

Feierabend, der, -e	....	Die Arbeit ist vorbei. Endlich Feierabend!
regelmässig	....	Sie geht regelmässig jeden Montag schwimmen.
Angestellte, der/die, -n	....	Er arbeitet als Angestellter bei Siemens.
1 4 *Wörterbuchauszug, der, "-e*	....	Lesen Sie diesen Wörterbuchauszug.
Auszug, der, "-e	....	Ich habe nur einen Auszug gelesen.
1 5 a *Vorbereitung, die, -en*	....	Hilfst du mir bei den Vorbereitungen für die Party?
zu dritt	....	Wir sind zu dritt: Max, Luise und ich.
Institutsleiter/in, der/die, -/-nen	....	Der Institutsleiter ist der Chef vom Institut.
reden	....	Der Präsident redet nur, aber er tut nichts.
1 6 *Zeile, die, -n*	....	Ich schreibe dir schnell ein paar Zeilen.

2 Grammatik – Spiele – Training

2 1 a *dick*	....	Er ist dick, weil er zu viel Schokolade isst.

2 **1** b	*Kombination, die, -en*	....	Diese Kombination passt nicht zusammen.
2 **2**	*Gedächtnisspiel, das, -e*	....	Wir spielen ein Gedächtnisspiel.
2 **2** a	*merken (sich)*	....	Er hat sich meine Telefonnummer gemerkt.
	möglich	....	Es ist nicht möglich, sich alles zu merken.
2 **2** c	*herkommen, hergekommen*	....	Komm mal her zu mir!
2 **3**	*Selbstevaluation, die, -en*	....	Wie ist das Ergebnis deiner Selbstevaluation?
2 **3** b	*männlich*	....	Männer sind männlich.
	weiblich	....	Frauen sind weiblich.
2 **4**	*Wissenschaftler/in, der/die, -/-nen*	....	Er ist Wissenschaftler an der Uniklinik.
	schlank	....	Sie ist gross und schlank.
	mindestens	....	Die Fahrt dauert mindestens zwei Stunden.

3 Magazin: Mehrsprachigkeit und Sprachen lernen

Magazin, das, -e .... Hast du das Magazin schon gelesen?

traditionell	....	Hier gibt es noch traditionelle Küche.
mehrsprachig	....	Die Schweiz ist ein mehrsprachiges Land.
Bildung, die, *	....	Junge Leute brauchen eine gute Bildung.
Wissenschaft, die, -en	....	Medizin ist eine wichtige Wissenschaft.
Schulbildung, die, *	....	Es gibt keine Alternative zur Schulbildung.
Diplomatie, die,*	....	Sie hat das Problem mit viel Diplomatie gelöst.
Amtssprache, die, -n	....	Französisch ist in Algerien die Amtssprache.
Sprichwort, das, "-er	....	Dieses Sprichwort ist sehr weise.
kämpfen	....	Ein Sportler muss kämpfen können.
drehen	....	Das Bild hängt falsch. Du musst es drehen.
entdecken	....	Ich habe ein schönes Café entdeckt.
Kindheit, die, *	....	Er hatte eine schlimme Kindheit.
Erfahrung, die, -en	....	Jede Reise ist eine neue Erfahrung.
körperlich	....	Körperliche Arbeit ist anstrengend.

wunderbar	....	Der Urlaub war toll, einfach wunderbar!
begegnen	....	Sind wir uns schon irgendwo begegnet? Ich kenne Sie.
Lernhilfe, die, -n	....	Dieses Vokabeltaschenbuch ist eine Lernhilfe.
pro (2) ≠ contra	....	für ≠ gegen
Medium, das, Pl.: Medien	....	Diese Nachricht war in allen Medien.
mailen	....	Ich maile dir die Bilder als Datei.
downloaden	....	Du kannst die Bilder dann downloaden.
skandinavisch	....	In den skandinavischen Ländern ist es kalt.
Lerner/in, der/die, -/-nen	....	Alle Lerner benutzen ein Wörterbuch.
contra ≠ pro	....	gegen ≠ für
Katastrophe, die, -n	....	Das Haus ist voll Wasser, eine Katastrophe!
überall	....	Englisch lernt man überall auf der Welt.
Imbiss, der, -e	....	Komm, wir essen schnell etwas am Imbiss.
Schuster, der, -	....	Der Schuster repariert die kaputten Schuhe.

			42
klingen, geklungen	....	Es klingt sehr schön, wenn sie singt.	
aufnehmen, aufgenommen	....	Er nimmt das Lied auf Kassette auf.	
Kommentar, der, -e	....	Er schreibt einen kritischen Kommentar.	
malen	....	Picasso hat interessante Bilder gemalt.	

Einheit 4

4 Aktiv in der Freizeit

aktiv	....	Sie hat viele Hobbys. Sie ist sehr aktiv.
positiv	....	Ich denke positiv. Das Leben ist schön.
negativ	....	Ich denke negativ. Die Welt ist schlecht.
überrascht	....	Was machst du hier? Ich bin überrascht.
reagieren (auf etw.)	....	Er hat sehr überrascht auf den Besuch reagiert.
wenige	....	Hier gibt es nur wenige Touristen.
emotional	....	Er ist ein emotionaler Mensch.

1 Hobbys

1.1

Software, die, *	....	Mein Computer hat eine moderne Software.
Berater/in, der/die, -/-nen	....	Der Berater hat sie mir empfohlen.
Lastwagen-Chauffeur/in, der/die, -/-nen	....	Er ist LKW-Chauffeur von Beruf.
Chauffeur/in, der/die, -/-nen	....	Als Chauffeur ist er immer unterwegs.
reiten, geritten	....	Ich mag Pferde. Als Kind bin ich geritten.
Marathon, der, -s	....	Sie trainiert für den nächsten Marathon.

1.2

testen	....	Wir müssen diese neue Software testen.
Beratung, die, -en	....	Wie geht das? Ich brauche Beratung.
regelmässig	....	Er geht regelmässig zum Sport.
Besucher/in, der/die, -/-nen	....	Es kommen viele Besucher in das Museum.
aufbauen	....	Sie bauen das kaputte Haus wieder auf.
Arbeiter/in, der/die, -/-nen	....	Der Arbeiter freut sich auf seinen Urlaub.
allein lassen, gelassen	....	Ich kann mein Kind nicht allein lassen.

Streckenrekord, der, -e	....	Sie ist einen neuen Streckenrekord gelaufen.
Sieger/-in, der/die, -/-nen	....	Die Siegerin ist glücklich.
bereits	....	+ Ich war bereits dreimal in Köln. Und Sie?
Mal, das, -e	....	– Ich bin zum ersten Mal hier.
Favorit/in, der/die, -en	....	Er hat oft gewonnen. Er ist der Favorit.
Vorbeikommen, das, *	....	Das Vorbeikommen an ihm ist unmöglich.
Kilometer, der, -	....	Ein Kilometer ist 1000 Meter lang.
Sekunde, die, -n	....	Eine Minute hat 60 Sekunden.
insgesamt	....	Insgesamt habe ich 687 Bücher.
Läufer/-in, der/die, -/-nen	....	Im Park sieht man morgens viele Läufer.
1 8 *Toncollage, die, -n*	....	Bitte hören Sie die Toncollage.
Collage, die, -n	....	Das ist eine Collage aus verschiedenen Aufnahmen.
Chor, der, "-e	....	Sie singt im Chor.
Motorrad, das, "-er	....	Er fährt Motorrad.

Salsa, die, *	....	Sie tanzen Salsa.
Klavier, das, -e	....	Er spielt Klavier. Am liebsten Mozart.
Briefmarke, die, -n	....	Er sammelt Briefmarken.
sammeln	....	Sie sammelt schöne Vasen.
1④ *Hard-Rock-Band, die, -s*	....	Er ist Musiker in einer Hard-Rock-Band.

2 Freizeit und Forschung

Forschung, die, -en	....	Die medizinische Forschung ist wichtig.
2① *Forschungsinstitut, das, -e*	....	Der Wissenschaftler arbeitet an einem Forschungsinstitut.
70er Jahre, die, *Pl.*	....	Er mag die Musik aus den 70er Jahren.
elektronisch	....	Sie hasst elektronische Musik.
Freizeitmedium, das, Pl.: *Freizeitmedien*	....	Ein Videospiel ist ein Freizeitmedium.
DVD, die, -s	....	Wollen wir einen Film auf DVD sehen?
stressig	....	Die Arbeit ist stressig.

ausschlafen, <u>aus</u>geschlafen	....	Ich bin müde und möchte mal aus-schlafen.
Wellness, die, *	....	Morgen mache ich einen Wellness-Tag.
entsp<u>a</u>nnen (sich)	....	Nach der Arbeit will ich mich entspannen.
Y<u>o</u>ga, das, *	....	Beim Yoga kann ich den Stress vergessen.
S<u>au</u>na, die, *Pl.*: S<u>au</u>nen	....	Im Winter gehe ich oft in die Sauna.
Tr<u>e</u>nd, der, -s	....	Die Mode der 80er liegt wieder im Trend.
Jahrt<u>au</u>send, das, -e	....	In welchem Jahrtausend leben wir?
fr<u>ü</u>her	....	Früher gab es nicht so viele Autos.
sp<u>a</u>ren	....	Ich kaufe das nicht, ich muss sparen.
J<u>a</u>ss, der, *	....	Der Jass kommt aus dem Orient.
j<u>a</u>ssen	....	Viele Schweizer jassen regelmässig.
tr<u>e</u>ffen, getroffen	....	Wollen wir uns im Café treffen?
besch<u>ä</u>ftigen (sich mit etw.)	....	Er beschäftigt sich viel mit Literatur.
Haust<u>ie</u>r, das, -e	....	+ Hast du ein Haustier? – Ja, eine Katze.

Essen, das, -	....	Kommt, das Essen ist fertig!
out (sein)	....	Alkohol und Zigaretten sind out, Wellness ist in!
Eidgenosse/Eidgenossin, der/die, -n/-nen	....	Die Eidgenossen feiern den Sieg ihrer Mannschaft.
Erfahrung, die, -en	....	Jede Reise ist eine neue Erfahrung.
Leiter/in, der/die, -/-nen	....	Sie ist die Leiterin der Schule.

2 3
unterschreiben, unterschrieben	....	+ Muss ich dieses Dokument unterschreiben?
Unterschrift, die, -en	....	– Ja bitte, ich brauche Ihre Unterschrift.
spontan	....	Gestern sind wir spontan tanzen gegangen.

2 4
oh	....	Oh, was machst du denn hier?

2 5
umziehen (sich), umgezogen	....	Diese Hose ist zu warm, ich ziehe mich um.
schminken (sich)	....	Du siehst gut aus. Hast du dich geschminkt?
rasieren (sich)	....	Er rasiert sich jeden Morgen.
duschen (sich)	....	Nach dem Sport muss ich mich duschen.

eincremen (sich)	....	Ich creme mich immer mit einer Lotion ein.
abtrocknen (sich)	....	Nach dem Duschen trocknet sie sich ab.
2 8 a Schema, das, *Pl.*: Sch**e**mata	....	Dieses Wort passt nicht in das Schema.
2 8 b ungesund ≠ gesund	....	Schokolade ist ungesund, Obst ist gesund.
surfen	....	Es ist windig. Wollen wir surfen gehen?

3 Leute kennen lernen – im Verein und im Club

Verein, der, -e	....	Bist du Mitglied in einem Verein?
Club, der, -s	....	In der Schweiz gibt es in jedem Kanton viele Clubs.
Zusammensein, das, *	....	Mir ist das Zusammensein mit Freunden wichtig.
renovieren	....	Er muss seine Wohnung renovieren.
Vereinsheim, das, -e	....	Die Mitglieder treffen sich im Vereinsheim.
3 1 a *Tierschutzverein,* der, -e	....	Sie ist im Tierschutzverein, weil sie Tiere mag.
3 1 b *Tanzschule,* die, -n	....	Er lernt Salsa in der Tanzschule.

Tennisverein, der, -e	....	Sie spielt Tennis im Tennisverein.
Handballverein, der, -e	....	Er spielt Handball im Handballverein.
Vereinsleben, das, *	....	Das Vereinsleben macht ihnen Spass.
Turnverein, der, -e	....	Er turnt im Turnverein.
politisch	....	Es gibt viele politische Vereine.
Umweltschützer/in, der/die, -/-nen	....	Er ist Umweltschützer.
Faulenzer/in, der/die,-	....	Es gibt nicht nur Sportvereine, sondern auch einen Verein für Faulenzer.
mindestens	....	Er raucht mindestens 20 Zigaretten am Tag.
verbringen, verbracht	....	Diesen Urlaub habe ich am Meer verbracht.
Ruder-Club, der, -s	....	Sie ist in einem Ruder-Club, weil sie an einem grossen See wohnt.
Volleyballverein, der, -e	....	Ich bin schon seit drei Jahren im Volleyballverein.
Tischtennisverein, der, -e	....	Mein Bruder spielt jetzt im Tischtennisverein.
Hockey-Club, der, -s	....	In unserem Ort gibt es nächstes Jahr einen Hockey-Club.
Jodlerklub, der, -s	....	In der Schweiz gibt es viele Jodlerklubs.

3**2**

Radsportclub, der, -s	....	Der Vater ist im Radsportclub.
Radrennen, das, -	....	Er trainiert für das Radrennen.
Volleyballturnier, das, -e	....	Einmal im Monat findet ein Volleyballturnier statt.
3 3 malen	....	Picasso hat interessante Bilder gemalt.
3 4 womit	....	Womit beschäftigst du dich am liebsten?

4 Das (fast) perfekte Wochenende

perfekt	....	Sie sprechen ja perfekt Deutsch!
4 1 a putzen	....	Samstags putzen wir immer die Wohnung.
Mann! *(Ausruf)*	....	Mann! Kannst du nicht aufpassen?
wütend	....	Mein Chef ist wütend, weil ich oft zu spät komme.
4 1 b *Reaktion, die, -en*	....	Ich kann seine wütende Reaktion verstehen.
furchtbar	....	Kannst du das ausmachen? Die Musik ist furchtbar!
wieso	....	Wieso bist du zu Fuss gekommen?

Echt? (= Wirklich?)	....	+ Das Auto ist kaputt gegangen. – Echt?
Das gibt's doch gar nicht!	....	Das gibt's doch gar nicht, das kann ich nicht glauben!
So ein Pech!	....	Das neue Auto ist kaputt, so ein Pech!
erholen (sich)	....	In den Ferien kannst du dich richtig erholen.
Biergarten, der, "-	....	Bei gutem Wetter sitzen wir im Biergarten.
Das hört sich gut an.	....	Eine tolle Idee, das hört sich gut an.

4❷

reden	....	Männer reden viel weniger als Frauen.
ständig	....	Er redet ständig über Politik.
wovon	....	Wovon sprecht ihr so leise?

4❸

Ausruf, der, -e	....	„Hurra" = ein Ausruf bei Freude

4❸a

Mist!	....	Ich habe die Schlüssel vergessen. Mist!
schneiden, geschnitten	....	Aua, ich habe mich geschnitten!
Spinne, die, -n	....	An der Wand sitzt eine dicke Spinne.
gewinnen, gewonnen	....	Sie haben das Fussballspiel gewonnen.

4 3 b Gefühl, das, -e .... Liebe ist ein starkes Gefühl.

4 4 Tschechisch, das, * .... Sprechen Sie Tschechisch?

4 5 Einkaufen, das, * .... Zum Einkaufen braucht man Geld.

Übungen

Ü 1 a Eisschwimmer/in, der/die, ... Eisschwimmer sind doch verrückt!
-/-nen

Eisschwimmen, das, * .... Das Eisschwimmen ist sehr gesund.

vorbereiten .... Er muss sich auf die Prüfung vorbereiten.

Winterschwimmer/in, der/ .... Winterschwimmer mögen Kälte.
die, -/-nen

Badekleidung, die, * .... Nimm Badekleidung mit, wir wollen
schwimmen gehen.

Ü 5 Medium, das, *Pl.*: **Medien** .... Das Internet ist ein wichtiges Medium.

Nichtstun, das, * .... Er liebt das Nichtstun am Sonntag.

Ü 6 a Unpünktlichkeit ≠ .... Seine Unpünktlichkeit macht mich
Pünktlichkeit, die, * wütend.

endlich	....	Da bist du ja endlich, es ist spät!
Ü7 *zum Glück*	....	Zum Glück hatten wir gutes Wetter.
Ü9b Weihnachtsfeier, *die, -n*	....	Unsere Firma macht jedes Jahr eine Weihnachtsfeier.
Gesellschaft, die, -en	....	Viele Japaner sind Mitglied in der Japanisch-Deutschen Gesellschaft.
Alltagsdeutsch, das, *	....	Alltagsdeutsch kann er schon gut verstehen.
Sprachverein, der, -e	....	Er ist Mitglied in einem Sprachverein.
Kulturverein, der, -e	....	Unser Kulturverein organisiert viele Feste.
offen (sein für etw.)	....	Wir sind immer offen für neue Ideen.

5 Medien

persönlich	....	Ich habe ein persönliches Gespräch mit dem Chef.
Mitteilung, *die, -en*	....	Ich habe eine wichtige Mitteilung für ihn.

reklamieren	....	Das Radio funktioniert nicht, ich möchte es reklamieren.
beanstanden	....	Ich habe vor zwei Tagen dieses Handy gekauft und möchte es beanstanden.

1 Medien gestern und heute

ägyptisch	....	Die ägyptische Kultur ist sehr alt.
Schriftzeichen, das, -	....	Kannst du diese Schriftzeichen lesen?
Digitalkamera, die, -s	....	Er macht Fotos mit der Digitalkamera.
PDA, der, -s (Persönlicher Digitaler Assistent)	....	Ohne seinen PDA vergisst er alle Termine.
Grammophon, das, -e	....	Meine Grossmutter hatte ein Grammophon.
Schallplatte, die, -n	....	Ich habe als Kind noch Schallplatten gehört.
MP3-Player, der, -	....	Heute benutze ich einen MP3-Player.
1 1 nutzen	....	+ Wie oft nutzt du deinen DVD-Player?
selten	....	– Sehr selten, vielleicht zweimal pro Jahr.

2 Medien im Alltag

2 1 stecken (in etw.) .... Steck das Geld ins Portemonnaie!

aufkleben .... Er klebt die Briefmarke auf das Couvert.

Absender, der, - .... + Von wem ist der Brief? Steht da ein Absender?

Couvert, das, -s .... – Nein, auf dem Couvert steht nichts.

vorbeilaufen, vorbeigelaufen .... Du bist an mir vorbeigelaufen, aber du hast mich nicht gesehen.

Briefkasten, der, "- .... Sie steckt den Brief in den Briefkasten.

Post, die, * .... Ich muss noch zur Post, ein Paket abgeben.

ausziehen (2), ausgezogen .... Mir ist warm, ich ziehe die Jacke aus.

einwerfen, eingeworfen .... Kannst du den Brief für mich einwerfen?

unangenehm ≠ angenehm .... Das Gespräch mit dem Chef war unangenehm.

Entschuldigung, die, -en .... Das ist keine Entschuldigung!

2 2 b werfen, geworfen .... Das Kind wirft den Ball auf die Strasse.

2 3 Passwort, das, "-er .... Mist, ich habe das Passwort vergessen!

2 4 **Schatz,** der, * (*Kosename*) .... Ich liebe dich, mein Schatz.

erinnern (jdn an etw.) .... Die Sekretärin erinnert den Chef an den Termin.

besprechen, besprochen (etw. mit jdm) .... Er bespricht das Problem mit ihr.

Lust, die, * .... + Hast du Lust auf ein Video?

Vorschlag, der, "-e .... – Ja, das ist ein guter Vorschlag!

2 5 b **halten,** gehalten .... Der Zug hält hier, ich muss aussteigen.

anhören .... Er hört sich die CD an.

2 6 **übertreiben,** übertrieben .... Glaub ihm nicht, er übertreibt gern.

E-Mail-Adresse, die, -n .... Haben Sie meine E-Mail-Adresse?

Rückantwort, die, -en .... Ich hoffe auf schnelle Rückantwort.

2 7 **heben,** gehoben .... Die Tasche ist sehr schwer. Ich kann sie nicht mal heben!

3 Einkaufen im Internet

3.1

Bekleidung, die, *	....	Nur wenige Schweizer bestellen ihre Kleidung im Internet.
Übernachtung, die, -en	....	Wir machen eine Kurzreise mit zwei Übernachtungen im Hotel.
Schreibwaren, die Pl.	....	Die Bestellung von Schreibwaren per Internet ist beliebt.
Spielzeug, das, -e	....	Sie kauft Spielzeug für ihre Kinder.
Computernutzer/in, der/die, -/-nen	....	Fast jeder ist heute ein Computernutzer.
informieren	....	Informiere dich zuerst über das Produkt.
Camcorder, der, -	....	Wir haben ein gutes Angebot für einen Camcorder gesehen.
Ausgabe, die, -n	....	Die Ausgaben für Fernreisen sind hoch.
Apparat, der, -e	....	Ich habe einen neuen Fotoapparat.
monatlich	....	Ich kaufe monatlich (jeden Monat) eine Computerzeitschrift.
Käufer/in, der/die, -/-nen	....	Käufer zahlen oft zu hohe Preise.
Hälfte, die, -n	....	die Hälfte = 50 %
Netz, das, * *(Internet)*	....	Im Netz finden Sie interessante Angebote.

3 2 *Symbol, das, -e* .... Was bedeutet dieses Symbol?

Befehl, der, -e .... Ein Computer reagiert nur auf Befehle.

leer .... Da steht nichts. Die Seite ist leer.

Dokument, das, -e .... Er will das Dokument lesen.

öffnen .... Er öffnet das Dokument.

speichern .... Er speichert das Dokument.

Empfänger/in, der/die, -/-nen .... Die Empfängerin speichert das Mail.

drucken .... Sie druckt das Dokument.

Rechtschreibung, die, * .... Ist der Text in alter oder neuer Rechtschreibung?

ausschneiden, **ausgeschnitten** .... Du kannst den Text ausschneiden …

einfügen .... … und an einer anderen Stelle einfügen.

3 3 *Informatiker/in, der/die, -/-nen* .... Er ist Informatiker von Beruf.

praktisch .... Eine Spülmaschine ist sehr praktisch.

4 Fragen und Nachfragen

N*a*chfrage, *die, -n* .... Im Kurs gibt es viele Nachfragen.

4 3 a **a*n*ders** .... Ich bin so, du bist anders.

4 3 b **a*b*fragen** .... Er fragt seine Mails ab.

Dat*ei*, *die, -en* .... + Hast du die Datei gespeichert?

löschen .... – Nein, ich habe sie gelöscht.

w*ei*terleiten .... Er leitet das Mail an seine Freunde weiter.

K*o*pfhörer, *Pl.* .... Sie hört Musik mit Kopfhörern.

a*b*nehmen, a*b*genommen .... Beim Schwimmen nimmt er die Brille ab.

5 Schnäppchenjagd

Schnäppchenjagd, *die, -en* .... Am Samstag war ich auf Schnäppchenjagd.

5 1 **w*e*ltweit** .... Das Internet funktioniert weltweit.

M*a*rktplatz, *der, "-e* .... Unser Dorf hat einen schönen Marktplatz.

Kunst, die, * oder: Künste	....	Er interessiert sich für moderne Kunst.	**60**
gebraucht	....	Das gebrauchte Auto kostet nur 500 Euro.	
Schmuck, der, *	....	Meine Oma hat wertvollen Schmuck.	
Schnäppchen, das, -	....	So billig? Das ist ja echt ein Schnäppchen.	
gründen	....	Sie hat die Firma 1999 gegründet.	
beschäftigen	....	Die Firma beschäftigt zwanzig Mitarbeiter.	
5 2 variieren	....	Man kann dieses Pizzarezept variieren.	
Kochbuch, das, "-er	....	Ohne Kochbuch kann ich nicht kochen.	
Mitarbeiter/in, der/die, -/-nen	....	Er hat jetzt 7500 Mitarbeiter.	
**5 4 *Reklamation,* die, -en	....	+ Ich habe eine Reklamation. Diese Kamera funktioniert nicht.	
Kassenzettel, der, -	....	– Haben Sie den Kassenzettel noch?	
Kuckuck, der, -e	....	Die Kinder hören im Wald einen Kuckuck.	
Garantie, die, -n	....	Sie haben zwei Jahre Garantie auf diese Kamera.	

Einheit 5

	unglaublich	Wie ist das möglich? Das ist unglaublich!
	umtauschen	Die Hose passt nicht. Kann ich sie umtauschen?
	Tierarzt/Tierärztin, der/ die, Pl.: Tierärzte/Tierärztinnen	Mein Hund ist krank. Ich muss zum Tierarzt.
5 **5**	**zurückbekommen,** zurückbekommen	Hast du das Geld zurückbekommen?
5 **6**	**Goldring,** der, -e	Zur Hochzeit schenkt er ihr einen Goldring.
	Karat, das, -(e)	Der Ring hat 16 Karat.
	Chiffre, die, -n	Schreiben Sie mir! Chiffre 56AP585.
	wertvoll	Der Ring ist sehr wertvoll.
	Briefmarkensammlung, die, -en	Willst du meine Briefmarkensammlung sehen?
	VW-Käfer, der, - (Automarke)	Früher fuhren viele Leute einen VW-Käfer.
	Heimtrainer, der, -	Er trainiert oft auf seinem Heimtrainer.
	gut erhalten	Der Tisch ist 20 Jahre alt, aber gut erhalten.
5 **7**	**Anfrage,** die, -n	Ich habe viele Anfragen auf meine Anzeige bekommen.

5 7 a **PC,** *der, -s* .... Sie arbeitet viel am PC.

Opel, der, - (Automarke) .... Er fährt einen Opel.

antik .... Dieser Schrank ist nicht nur alt, er ist antik.

5 8 **Flohmarkt,** *der, "-e* .... Er kauft oft alte Bücher auf dem Flohmarkt.

Übungen

Ü 1 **Programm,** *das, -e* .... Das Programm im Fernsehen ist schlecht.

Organisation, die, -en .... Die Radioorganisationen schliessen sich zusammen.

zusammenschliessen (sich), *zusammengeschlossen* .... Sie haben sich 1931 zusammengeschlossen.

Lautsprecher, der, - .... Die Lautsprecher waren billig.

kombinieren .... Den Rock kann man gut mit einer Bluse kombinieren.

Plattenspieler, der, - .... Mein Plattenspieler ist schon alt.

Sendung, die, -en .... Diese Quizshow ist eine lustige Sendung.

Ü 2 a **Fax,** *das, -e* .... Sie schickt dem Kunden ein Fax.

	drücken	....	Du musst diese rote Taste drücken.
	einlegen	....	Er legt die CD ein.
	nummerieren	....	Die Plätze im Theater sind nummeriert.
Ü2b	*Dokumentation, die, -en*	....	+ Gestern habe ich eine Dokumentation über Frauen in Afrika gesehen.
	Krimi, der, -s	....	– Ich sehe am liebsten Krimis.
Ü4	*Weltrekord, der, -e*	....	Schon wieder ein neuer Weltrekord, dieser Sportler ist fantastisch!
	simsen	....	Tschüss, wir telefonieren oder simsen!
	Übung macht den Meister.	....	Du machst viel weniger Fehler als am Anfang. Übung macht den Meister!
Ü6	**eingeben**, **eingegeben**	....	Sie gibt die Vokabeln in den Computer ein.
	einschalten	....	Beim Frühstück schalte ich das Radio ein.
Ü8	*Edelstein, der, -e*	....	„Baselworld" ist die wichtigste Messe für Uhren, Schmuck und Edelsteine.
Ü9	**Gebrauchsanleitung**, die, -en	....	Leider kann ich die Gebrauchsanleitung von unserem DVD-Recorder nicht wiederfinden.
Ü10	**Plastik**, das, *	....	Der Becher geht nicht kaputt. Er ist aus Plastik.

verschenken	....	Ich verschenke gern Bücher.
Ü10a **Pop**, der, *	....	+ Magst du Pop? – Nein, ich höre lieber Rock.
nachdenken, nachgedacht	....	Über diese Frage muss ich nachdenken.
Ü10b **wiederfinden**, wiedergefunden	....	Zum Glück hat er die Autoschlüssel wiedergefunden.
Vertrag, der, "-e	....	Hast du den Vertrag unterschrieben?
hinterlassen, hinterlassen	....	Sie ist weg, aber sie hat einen Brief hinterlassen.
Ü11 **DVD-Player**, der, -	....	Mein DVD-Player kann auch aufnehmen.

6 Ausgehen

worauf	....	Worauf hast du heute Abend Lust?
Speisekarte, die, -n	....	Was willst du essen? Hast du schon in die Speisekarte geschaut?
Kennenlernen, das, *	....	Das Kennenlernen war sehr nett.

1 Donnerstag – Ausgehtag

Ausgehtag, der, -e	....	An meinem Ausgehtag bringt mein Mann die Kinder ins Bett.
1 1 b donnerstags	....	Donnerstags geht sie immer zum Sport.
Abonnement, das, -s	....	Ich habe ein Abonnement für das Theater.
After-Work-Party, die, -s	....	+ Kommst du mit auf die After-Work-Party?
unterhalten (sich), unterhalten	....	– Nein, da kann man sich nicht unterhalten.
Jazz, der, *	....	+ Hörst du gern Jazz? – Nein, lieber Pop.
dahin	....	Die Disco ist toll. Ich gehe gern dahin.
Stammtisch, der, -e	....	Man trifft sich beim Stammtisch.
Karten spielen	....	+ Spielt ihr gern Karten?
was so los ist	....	Mal gucken, was so los ist in der Stadt.
1 3 alkoholfrei	....	Ein alkoholfreies Bier bitte, ich muss noch fahren.
ich würde gern …	....	+ Ich würde gern ins Kino gehen.
gucken	....	– Welchen Film möchtest du denn gucken?

2 Im Restaurant

2.2 **Ger<u>i</u>cht** (2), *das, -e* .... Auf der Speisekarte stehen viele Gerichte.

veget<u>a</u>risch .... Gibt es auch vegetarisches Essen? Ich esse kein Fleisch.

Gem<u>ü</u>se-Bouillon, die, -s .... Die Gemüse-Bouillon war sehr gut.

<u>Ei</u>, *das, -er* .... Zum Frühstück gibt es ein gekochtes Ei.

Tom<u>a</u>tencrème, die, -n .... Als Vorspeise esse ich eine Tomaten-crème.

Bas<u>i</u>likum, das, -s u. -ken .... Basilikum scheckt gut zu Tomaten.

R<u>a</u>hm, *der, -e* .... Ich hätte gerne eine heisse Schokolade mit Rahm.

B<u>ü</u>ndnerteller, der, - .... Bündnerfleisch ist eine Spezialität aus Graubünden.

W<u>u</u>rstsalat, der, -e .... Für Wurstsalat gibt es viele verschiedene Rezepte.

g<u>a</u>rtenfrisch .... Gartenfrischer Salat schmeckt besonders lecker.

Sandwich, *-(e)s* .... Wir belegen Sandwiches nach Ihrem Wunsch.

K<u>a</u>lbspiccata, die, * ....

K<u>a</u>lbsschnitzel, das, - ....

Schinkenstreifen, der, -	....	Für Vegetarier gibt es den Salat auch ohne Schinkenstreifen.
Streifen, der, -	....	Sie trägt einen Pulli mit grünen Streifen.
Kalbsleberli, *die Pl.*	....	Hast du ein gutes Rezept für Kalbsleberli?
Rösti, die Pl.	....	Rösti sind eine Spezialität der Deutschschweizer Küche.
Kalbsgeschnetzelte, *das, **	....	Einmal Kalbsgeschnetzeltes „Zürcher Art", bitte.
Nüsslisalat, *der, -e*	....	Nüsslisalat gibt es vor allem im Herbst, Winter und Frühling.
Brotcroûtons, *die Pl.*	....	Brotcroûtons schmecken gut zu Suppen und Salat.
Schnittlauch, *- (e)s*	....	Wir haben Schnittlauch im Garten.
Salatteller, der, -	....	Aber ein Salatteller ist gesünder.
Teller, der, -	....	+ Was hast du da auf deinem Teller?
Wiener Schnitzel, *das, -*	....	– Ein Wiener Schnitzel, das sieht man doch.
Mayonnaise, *die, -n*	....	– Nein, ich mache ihn immer mit Mayonnaise.
Dessert, das, -s	....	Was gibte es heute als Dessert?
Apfelchüechli, *das, -*	....	Es gibt Apfelchüechli mit Vanilleglace.

Vanilleglace, *das, -s*	....	Vanilleglace kann man auch selbst machen.
Caramelköpfli, *das, -*	....	Als Nachtisch esse ich Caramelköpfli.
Fruchtsalat, *der, -e*	....	Ich nehme einen Fruchtsalat.
Saft, der, "-e	....	Trinkst du gerne Saft?
Rotwein, der, -e	....	Ich trinke gern französischen Rotwein.
Weisswein, der, -e	....	Der Weisswein ist auch gut.
Rumpsteak, *das, -s*	....	Das Rumpsteak schmeckt lecker.
Kartoffelkrokette, *die, -n*	....	Ich möchte gern Kartoffelkroketten zum Fleisch.
2 4 **Rindfleisch,** *das,* *	....	+ Rindfleisch esse ich, aber kein Schweinefleisch.
Königinpastetli, *das, -*	....	Heute gibt es Königinpastetli.
Brätkügeli, *das, -*	....	Hast du schon Brätkügeli mit Champignons gegessen?
2 5 **statt**	....	Ich hätte lieber Reis statt Kartoffeln.
2 6 **Echo,** *das, -s*	....	Hier in den Bergen hört man sein Echo.
2 7 **Zungenbrecher,** *der, -*	....	Kannst du diesen Zungenbrecher sprechen?

tschechisch	....	Wir kennen eine tschechische Familie aus Prag.
österreichisch	....	+ Fahren Sie in die österreichischen Alpen?
Skischule, die, -n	....	– Ja, wir besuchen dort eine Skischule.
Spezialität, die, -en	....	Ist das eine Spezialität aus Zürich?
Schneeschuh, der, -e	....	In den Bergen braucht man gute Schneeschuhe.

2 **8**

salzig	....	Die Suppe ist zu salzig.
Gabel, die, -n	....	Ich kann das ohne Gabel nicht essen.
Messer, das, -	....	Vorsicht, das Messer ist sehr scharf.
Löffel, der, -	....	Für die Suppe brauche ich einen Löffel.
zufrieden	....	Ich bin sehr zufrieden mit meiner Arbeit.
zurücknehmen, zurückgenommen	....	Können Sie das Steak bitte zurücknehmen?

3 Rund ums Essen

rund um (etw.)	....	Er weiss alles rund um dieses Thema.

3 1 *Restaurationsfachmann/
Restaurationsfachfrau,* der/
die, "-er/-en

....

Sie ist Restaurationsfachfrau von Beruf.

3 1 a *Catering,* das, -s

....

Ist das Catering für die Party schon
bestellt?

Team, das, -s

....

Wir arbeiten im Team zusammen.

Menüwahl, die, *

....

Soll ich Sie bei der Menüwahl beraten?

Geschirr, das, -e

....

+ Soll ich das Geschirr abtrocknen?

abwaschen (Geschirr)

....

– Ja, ich habe das Geschirr gerade
abgewaschen.

servieren

....

Die Kellnerin serviert das Essen.

decken: Tisch decken

....

Sie deckt den Tisch für den Besuch.

Schauspieler/in, der/die,
-/-nen

....

Ich kenne den Schauspieler vom Theater.

3 2 **Koch/Köchin,** der/die,
"-e/-en

....

+ Sind Sie der Koch von diesem
Restaurant?

Küchenhilfe, die, -n

....

– Nein, ich bin nur die Küchenhilfe.

Gast, der, "-e

....

Die Gäste sind zufrieden mit dem Essen.

3 3 *Schorle,* die, -n

....

Sie trinkt gern eine Schorle.

bestehen (aus), bestanden	....	Der Mensch besteht zu über 90 % aus Wasser.
Restaurantkritiker/in, der/die, -/-nen	....	Sie arbeitet als Restaurantkritikerin.
Journalist/in, der/die, -en/-nen	....	Er arbeitet als Journalist bei einer Zeitung.
B<u>au</u>ernsalat, der, -e	....	+ Sind in dem Bauernsalat auch Oliven?
<u>O</u>ber, der, -	....	– Frag doch den Ober.

3 4 K<u>o</u>mma, das, *Pl.*: Kommata .... Vor dem Wort „dass" steht ein Komma.

3 5 be<u>e</u>nden .... Ihre Ehe ist beendet. Sie liebt ihn nicht mehr.

Skand<u>a</u>l, der, -e .... + Dieser Skandal war in allen Medien.

<u>auf</u>decken .... – Wer hat den Skandal denn aufgedeckt?

3 6 a t<u>ü</u>rkisch .... Wir essen bei einem türkischen Imbiss.

M<u>e</u>hl, das, -e, auch: Mehlsorten .... Für den Kuchen brauche ich noch Mehl.

N<u>u</u>ss, die, "-e .... Es müssen auch Nüsse hinein.

H<u>o</u>nig, der, -e .... Sie trinkt gern heisse Milch mit Honig.

Einheit 6

3 6 b *Käse-Fondue, das, -s* .... Wir sind zum Käse-Fondue eingeladen.

Joghurt, der *oder* das, -s .... Ich esse morgens nur einen Joghurt.

Knoblauch, der, * .... Hast du Knoblauch gegessen?

Wienerli, die, - .... Darf Ihr Hund Wienerli haben?

3 6 c *Frankfurter, die, -* .... Ein Paar Frankfurter mit Brot, bitte.

Amerikaner, der, - .... + Möchten Sie einen Amerikaner zum Tee?

Kameruner, der, - .... – Nein danke, lieber einen Kameruner.

Krakauer, die, - .... Ich hätte gern eine Krakauer.

3 7 *logisch* .... Jeder versteht das, das ist doch logisch.

Appetit, der, * .... Guten Appetit!

Lokal, das, -e .... In diesem Lokal kann man sehr gut essen.

verlassen, verlässt .... Er verlässt gegen acht Uhr die Wohnung.

hey .... Hey, Sie haben Ihre Tasche vergessen!

4 Ausgehen – Kontakte – Leute kennen lernen

4 2 b Reihenfolge, die, -n	....	Erzähl bitte der Reihenfolge nach.
4 4 Beiz, die, -en	....	Kontaktbörsen im Internet sind interessant für Menschen, die keine Zeit für Beiz, Disco oder Sport haben.
4 5 a *Partnersuche, die, *	....	Viele Singles sind auf Partnersuche.
Diskussion, die, -en	....	Ich hasse diese Diskussionen über Politik.
Traumprinz/-prinzessin, der/die, -en/-nen	....	Den perfekten Traumprinzen gibt es nicht.
per	....	Wir können per E-Mail in Kontakt bleiben.
Mausklick, der, -s	....	Mit ein paar Mausklicks ist alles erledigt.
Kontaktbörse, die, -n	....	Die Tanzschule ist eine gute Kontaktbörse.
Lebenspartner/in, der/die, -/-nen	....	Susanne ist seine Lebenspartnerin.
Flirt, der, -s	....	Auf der Party gestern hatte ich einen Flirt.
Experte/Expertin, der/die, -n/-nen	....	Sie muss es wissen. Sie ist eine Expertin.
ehrlich	....	Das stimmt nicht. Sei bitte ehrlich.

realistisch	....	Man muss die Zukunft realistisch sehen.
ansprechen, angesprochen	....	Er hat sie im Café angesprochen.
Exmann/Exfrau, der/die, "*-er/-en*	....	Liebt er seine Exfrau noch?
ernst	....	Das ist kein Spass. Das ist ernst.
4 6 *Partnerprofil, das, -e*	....	Das Partnerprofil soll interessant sein.
Geschlecht, das, -er	....	Ist das Geschlecht männlich oder weiblich?
Augenfarbe, die, -n	....	+ Welche Augenfarbe gefällt dir? – Blau.
Haarfarbe, die, -n	....	Die Haarfarbe ist mir egal.
4 7 **Speeddating, das, -s**	....	Die Stimmung beim Speeddating war gut.
4 7 a <u>aus</u>denken (sich), <u>aus</u>gedacht	....	Wer hat sich diese Geschichte ausgedacht?
anmelden (sich für etw.)	....	Hast du dich für den Kurs angemeldet?
gen<u>ug</u>	....	Hast du genug Geld dabei?

Übungen

Ü 1 a **Tipp,** der, -s .... Danke für den Tipp, das werde ich machen.

Ü 1 b *Quintett,* das, -e .... Dieses Quintett macht gute Musik.

Ü 4 *Serviette,* die, -n .... Die Servietten liegen schon auf dem Tisch.

Ü 5 *Hotelfachmann/-frau,* der/die, "-er/-en .... Wie wird man Hotelfachmann?

Hotelfachschule, die, -n .... Man muss eine Hotelfachschule besuchen.

Zimmermädchen, das, - .... Das Zimmermädchen hat das Zimmer fertig.

vor allem .... Er liest viel, vor allem Krimis.

Ü 6 *indonesisch* .... Sie mag die indonesische Küche.

Rucolasalat, der, * .... Er bestellt lieber einen Rucolasalat.

Snack, der, -s .... In der Pause gibt es einen kleinen Snack.

Ü 7 **unfreundlich ≠ freundlich** .... Dieser Kellner ist aber unfreundlich!

Ü 8 *Oktoberfest,* das, * .... Das Oktoberfest beginnt im September.

Hunger, der, * .... Gibt es etwas zu essen? Ich habe Hunger.

Ü**10** *Skandinavien* .... In Skandinavien war das Wetter schlecht. **76**

zurückfahren, ... Wir sind deshalb wieder zurückgefahren.
zurückgefahren

Urlaubsfoto, das, -s .... Wir können euch keine Urlaubsfotos
zeigen.

nämlich .... Wir haben nämlich gar keine Fotos.

Station 2

1 Berufsbild Webdesigner .... In seinem Beruf ist Mobilität wichtig.

Webdesigner/in, der/die, ... Webdesigner ist ein moderner Beruf.
-/-nen

1**1** *Suchmaschine, die, -n* .... Google ist eine Suchmaschine.

Internet-Browser, der, - .... Mein Internet-Browser ist zu langsam.

Internetsurfer/in, der/die, ... In unserem Büro sitzen viele
-/-nen Internetsurfer.

Werbeagentur, die, -en .... + Arbeitest du in einer Werbeagentur?

Multimedia, das, -	....	– Nein, in einer Multimediaagentur.
gestalten	....	Ich gestalte Internetseiten.
Medienfachmann, Medienfachfrau, der/die, "-er/-en	....	Die Arbeit als Medienfachmann gefällt mir.
Link, der, -s	....	Ich schicke dir den Link, der ist interessant.
Web, das, *	....	Im Web findet man wirklich alles.
Recherche, die, -n	....	Hattest du Erfolg bei deiner Recherche?
1**2** *zusammenfassen*	....	Kannst du den Text zusammenfassen?
kreativ	....	Sie ist ein kreativer Mensch voller Ideen.
Farbdesign, das, -s	....	Dieses Farbdesign gefällt mir nicht.
funktional	....	Es ist nicht gerade schön, aber funktional.
orientieren (sich)	....	Ich bin neu hier, ich muss mich orientieren.
deshalb	....	Das Auto ist alt. Deshalb war es so billig.
aktualisieren	....	Hast du die alte Datei aktualisiert?
1**3** *bewerten*	....	Bewertest du das positiv oder negativ?

1 3 a *informativ* .... Danke für das informative Gespräch.

übersichtlich ≠
unübersichtlich .... Dieses Schema ist unübersichtlich.

1 4 *Strategie, die, -n* .... Das war eine schlechte Strategie.

formulieren .... Kannst du diesen Satz anders
formulieren?

überfliegen, überflogen .... Ich habe den Text nur kurz überflogen.

1 5 *anwenden, angewendet oder
angewandt* .... Man muss diese Technik anwenden.

Sportart, die, -en .... + Welche Sportarten interessieren dich?

etc. (Abk. für et cetera =
usw.) .... – Fussball, Handball, Basketball etc.

woraus .... Woraus besteht ein Gespritzter?

2 Wörter – Spiele – Training

2 1 *Skispringen, das, ** .... Morgen gibt es wieder Skispringen.

zusehen, zugesehen .... Da will ich zusehen.

schlitteln	....	Es schneit, wir können schlitteln.
2 2 *Laufdiktat, das, -e*	....	Wir machen ein Laufdiktat im Kurs.
diktieren	....	Der Chef diktiert den Brief.
Ecke, die, -n	....	Du musst auch in den Ecken putzen.
Kaffeehaus, das, "-er	....	In Wien gibt es noch alte Kaffeehäuser.
Wut, die, * (vor Wut kochen)	....	So ein Mist! Ich koche vor Wut.
so lange	....	Du kannst so lange bei mir wohnen, wie du willst.
rechte	....	Ich trage den Ring an der rechten Hand.
Daumen, der, -	....	Au! Ich habe mir in den Daumen geschnitten.
2 3 a *Stein, der, -e*	....	Ich habe einen schönen Stein gefunden.
Rollen, das, *	....	Der Wagen kommt ins Rollen.
2 4 *Figur, die, **	....	Er hat eine sportliche Figur.

3 Grammatik und Evaluation

3 1 *Türkisch, das, ** .... Sprechen Sie Türkisch?

3 3 *Kontaktanzeige, die, -n* .... Er hat eine Kontaktanzeige aufgegeben.

Tennis, das, * .... Sein Hobby ist Tennis.

intelligent .... Wale sind intelligente Tiere.

romantisch .... Wir hatten einen romantischen Abend.

klug, klüger, am klügsten .... Meine Grossmutter war eine kluge Frau.

kinderlieb .... Unser Hund ist kinderlieb.

sensibel, sensibler, am sensibelsten .... Er hat sehr sensibel reagiert.

tolerant .... In der Stadt sind die Leute toleranter.

attraktiv .... Sie ist eine schöne, attraktive Frau.

sympathisch .... Ich finde ihn nett, sogar sehr sympathisch.

rundlich .... Sie ist nicht schlank, sondern eher rundlich.

Venus, die, * (hier: für Frau) .... Er hat seine Venus gefunden.

Freizeitgestaltung, die, -en	....	Er hat wenig Zeit für seine Freizeitgestaltung.
harmonisch	....	+ Ist eure Beziehung harmonisch?
Ehe, die, -n	....	– Ja, unsere Ehe ist sehr glücklich.
3 ❶ *chronologisch*	....	Die Bilder sind chronologisch geordnet.

4 Magazin: Geschichten und Gedichte

urban	....	Das urbane Leben ist oft stressig.
Legende, die, -n	....	+ Kennst du die Legende von der Murtenlinde? Das ist ein Baum, der aus der Schweiz nach Freiburg gebracht wurde.
Mythos, der, Pl.: Mythen	....	– Natürlich, das ist doch ein Mythos!
irgendwo	....	Er ist irgendwo in England, ich weiss nicht wo genau.
inzwischen	....	Inzwischen verstehe ich mehr Deutsch.
Sammlung, die, -en	....	Sie hat viele Bilder, eine ganze Sammlung.
irgendwie	....	Er findet sie irgendwie unsympathisch.

witzig	....	+ Der Film ist witzig.
tragisch	....	– Findest du? Ich finde ihn tragisch!
brutal	....	Viele Filme sind furchtbar brutal.
rammen	....	Er hat mit dem Auto einen Bus gerammt.
Geburtstagskind, das, -er	....	Wir feiern heute das Geburtstagskind.
Ski, der, -er	....	Ich habe für den Winter neue Ski gekauft.
Ausrüstung, die, -en	....	Hast du denn deine Ausrüstung dabei?
Stimmung, die, -en	....	Die Stimmung auf der Party war sehr gut.
Idee, die, -n	....	Du hast immer tolle Ideen.
Holzstiege, die, -n	....	Er geht die Holzstiege hinauf.
klappen	....	+ Gab es Probleme? – Nein, alles hat gut geklappt!
klatschen	....	Die Theaterbesucher klatschen lange.
Dame, die, -n	....	Die Dame ist schwer krank.
psychiatrisch	....	Sie muss in eine psychiatrische Klinik.

lassen *(etw. tun lassen)*	....	Er hat sein Auto reparieren lassen.
Rentner/in, *der/die, -/-nen*	....	+ Arbeitet er noch? – Nein, er ist Rentner.
Fischpastete, *die, -n*	....	Wir haben Fischpastete gegessen.
Ehepaar, *das, -e*	....	Die Müllers sind ein nettes Ehepaar.
Vorspeise, *die, -n*	....	Als Vorspeise gibt es eine Tomatensuppe.
Katze, *die, -n*	....	Ich glaube, meine Katze mag mich nicht.
trotzdem	....	Aber ich mag sie trotzdem.
loben	....	Die Gäste loben das gute Essen.
nachdem	....	Nachdem du weg warst, habe ich gelesen.
tot	....	Mein Grossvater ist schon lange tot.
Haustür, *die, -en*	....	Sie schliesst die Haustür ab.
Panik, *die, **	....	Keine Panik! Ich nehme die Spinne weg.
Garage, *die, -n*	....	Er parkt das Auto in der Garage.
überfahren, *überfahren*	....	Oh nein, er hat die Katze überfahren!

Bitte entschuldigen Sie vielmals.	....	Es tut mir Leid. Bitte entschuldigen Sie vielmals.
vorbeikommen, *vorbeigekommen*	....	Willst du morgen zum Kaffee vorbeikommen?
Bahnsteig, *der, -e*	....	Sie wartet auf dem Bahnsteig auf den Zug.
entgegengehen, *entgegengegangen*	....	Ich gehe dir schon mal entgegen.
absteigen, *abgestiegen*	....	Er steigt in einem Hotel beim Bahnhof ab.
erstbeste	....	Sie hat den erstbesten Mann geheiratet.
dauernd	....	Musst du dauernd rauchen?
stammeln	....	Er konnte nichts sagen, nur stammeln.
heim *(= zu Hause)*	....	Ich muss jetzt heim.
herrennen, *hergerannt (vor jdm)*	....	Das Kind rennt vor seiner Mutter her.
umdrehen	....	Zum Abschied dreht sie sich noch mal um.
zuwinken	....	Sie winkt ihm zu.
Nebelkuh, *die, "-e*	....	+ Wo lebt eine Nebelkuh?

*N**e**belmeer, das, -e*	....	– Die Nebelkuh lebt im Nebelmeer.
*m**u**hen*	....	Die Nebelkuh muht.
*B**a**hngleis, das, -e*	....	Man darf nicht über die Bahngleise gehen.
*N**e**bel, der, -*	....	Bei diesem Nebel kann man nichts sehen!
*entst**e**llen*	....	Seit dem Unfall ist sein Auge entstellt.
*Lokomot**i**ve, die, -n*	....	Hörst du die Lokomotive?
*t**ö**nen*	....	Die Klingel tönt laut.
*G**e**genwart, die, **	....	Dieser neue Film spielt in der Gegenwart.
*W**a**ld, der, "-er*	....	Er geht oft im Wald spazieren.
*S**u**mpf, der, "-e*	....	Vorsicht, geh nicht weiter in den Sumpf!
*unaufh**a**ltsam*	....	Die Katastrophe ist leider unaufhaltsam.
*Gew**i**ssheit, die, -en*	....	Ich kann das nicht mit Gewissheit sagen.
*a**nlangen* (hier: *a**nkommen*)	....	Nun sind wir am Ende angelangt.
*u**mschreiben, u**mgeschrieben*	....	Man kann unbekannte Wörter umschreiben.

<u>aus</u>wendig *(lernen)* .... Lernst du alle Vokabeln auswendig?

7 Zu Hause

L<u>a</u>ndleben, das, * .... Das Landleben ist nichts für mich.
Es ist zu einsam.

<u>A</u>nzeige, die, -n .... Hast du die Wohnungsanzeigen schon
gelesen?

1 Stadtleben oder Landluft?

L<u>a</u>ndluft, die, * .... Ich liebe die frische Landluft.

1 **K<u>u</u>h,** die, "-e .... Die Kühe geben viel Milch.

F<u>u</u>ssgängerzone, die, -n .... In der Fussgängerzone gibt es keine Autos.

Nat<u>u</u>r, die, * .... Ich erhole mich am liebsten in der Natur.

W<u>a</u>ldweg, der, -e .... Man kann auf den Waldwegen wandern.

Wald, der, "-er	....	Im Wald ist es ruhig. Man hört nur die Tiere.
Traktor, der, -en	....	Der Bauer fährt auf dem Traktor nach Hause.
Verkehrsstau, der, -s	....	In der Urlaubszeit gibt es lange Verkehrsstaus.
Luftverschmutzung, die, *	....	In der Innenstadt ist die Luftverschmutzung ein Problem.
draussen	....	Im Sommer sind die Leute oft draussen.
grillieren	....	Sie grillieren abends im Garten.

1 2

knapp	....	Ich brauche eine knappe Stunde zur Arbeit.
Aussicht, die, -en	....	Ich habe eine tolle Aussicht auf die Berge.
Bauernhof, der, "-e	....	Wir haben Urlaub auf dem Bauernhof gemacht.
Huhn, das, "-er	....	Hühner legen Eier.
Pferd, das, -e	....	Auf einem Pferd kann man reiten.
Katze, die, -n	....	Unsere Katze mag keine Mäuse.
__Banklehre,__ die, -n	....	Nach der Schule will er eine Banklehre machen.
zügeln	....	Hast du meine neue Adresse? Wir sind gezügelt.

Zusammenleben, *das,* * .... Das Zusammenleben mit dir ist nicht immer einfach.

Richtige, das, * .... Das ist genau das Richtige für mich.

2 In Chur und Meikirch

2 1 a *Nachtleben, das,* * .... Auf dem Land gibt es kaum Nachtleben.

Flughafen, der, "- .... + Wohnst du direkt am Flughafen?

Nachteil, der, -e .... – Ja, es ist sehr laut. Das ist der Nachteil an meiner Wohnung.

Busverbindung, die, -en .... Es gibt eine schnelle Busverbindung zum Flughafen.

Umgebung, die, -en .... – In Bern und Umgebung klingt der Dialekt anders.

auffallen, aufgefallen .... + Das ist mir auch aufgefallen.

2 3 **Lippe,** die, -n .... + Dein Sohn hat die gleichen Lippen wie du.

rund (2) .... – Stimmt, er hat auch einen runden Mund.

2 4 **unwichtig** ≠ wichtig .... Sie hat keine Zeit für unwichtige Fragen.

2 5 **Ideal,** das, -e .... Man muss im Leben seine Ideale haben.

Villa, die, *Pl.*: Villen	....	Meine Grosseltern hatten eine grosse Villa.
im Grünen	....	Ich wohne im Grünen und nicht in der Stadt.
Terrasse, die, -n	....	Im Sommer kann man auf der Terrasse sitzen.
ländlich-mondän	....	So ein ländlich-mondänes Leben gefällt mir.
Zugspitze, die, *	....	Die Zugspitze ist fast 3000 m hoch.
Ganze, das, *	....	Aber das Ganze ist leider nur ein Traum.
schlicht	....	Wir leben in einer schlichten Stadtwohnung.
Bescheidenheit, die, *	....	Bescheidenheit ist wichtig im Leben.
2**7** **Schulzeit,** die, *	....	Er besucht einen alten Freund aus der Schulzeit.
2**8** **aufschreiben, auf**geschrieben	....	Schreibst du mir bitte deine Adresse auf?

3 Nebensätze mit als

3**1** **Struktur,** die, -en	....	Die deutsche Grammatik hat klare Strukturen.
3**2** **Lüge,** die, -n	....	+ Glaubst du diese Lügen etwa?

3 2 a A̲ch wa̲s! .... – Ach was! Ich bin doch nicht blöd.

3 2 c lügen, gelo̲gen .... Man sagt, dass Politiker oft lügen.

3 3 A̲uslandsreise, die, -n .... Er hat bei seinen Auslandsreisen viele Länder kennen gelernt.

4 Auf Wohnungssuche

4 1 Ke̲ller, der, - .... Wir haben guten Wein im Keller.

Parke̲tt, das, -e oder -s .... Früher hatten wir Teppich in der Wohnung, aber jetzt haben wir in allen Räumen Parkett.

Be̲rgsicht, die, * .... Wir hätten gerne eine Wohnung mit Bergsicht.

Bo̲denheizung, die, -en .... Die neue Wohnung ist sehr modern und hat Bodenheizung.

Bruttomiete, die, -n .... Die Bruttomiete für die Wohnung ist CHF 490.

Immobilien, die, -n .... Suchen Sie nach Immobilien oder einer Wohnung?

Teppich, der, -e .... Wir haben einen neuen Teppich für das Wohnzimmer gekauft.

Doppellavabo, das, -s .... Die Wohnung hat nur ein Badezimmer, aber es gibt ein Doppellavabo.

netto	....	Nettomiete: CHF 400.
Altbau, der, *Pl.*: Altbauten	....	Im Altbau sind die Zimmer hoch.
Neubau, der, *Pl.*: Neubauten	....	Die Badezimmer im Neubau sind modern.
Dachgeschoss, das, -e	....	Eine Dachgeschoss-Wohnung ist mein Traum.
Kaution, die, -en	....	Die Kaution beträgt drei Monatsmieten.
Wohnfläche, die, -n	....	Die Wohnfläche ist 120 qm gross.
Nebenkosten, die, *Pl.*	....	+ Wie hoch sind die Nebenkosten für Wasser und Heizung?
Nichtraucher/Nichtraucherin, der/die, -/-nen	....	In Grächen im Mattertal steht das erste Nichtraucherhotel.
Geschirrspüler, der, -	....	Der neue Geschirrspüler ist sehr leise.
Quadratmeter, der, -	....	Die Wohnung ist 120 Quadratmeter gross.
4 2 **erfragen**	....	– Ich weiss es nicht, ich muss es erfragen.
Wohnungsbesichtigung, die, -en	....	Die Wohnungsbesichtigung ist morgen.
Besichtigung, die, -en	....	+ Um wie viel Uhr ist die Besichtigung?

	vereinbaren	....	– Wir haben noch keine Uhrzeit vereinbart.
4 2 a	**Telefongespräch,** das, -e	....	Mein Freund hasst Telefongespräche.
4 2 b	*Berufstätige, der/die, -n*	....	Viele Berufstätige haben zu wenig Zeit für die Familie.
4 3	**Zentrum,** das, *Pl.*: Zentren	....	Ich fahre jeden Tag ins Zentrum.
	Monatsmiete, die, -n	....	Sie zahlt die Monatsmiete immer pünktlich.

5 Der Umzug

5 1	*Umzugscheckliste, die, -n*	....	+ Hast du eine Umzugscheckliste gemacht?
	Checkliste, die, -n	....	– Ja, ich mache oft Checklisten. Sonst vergesse ich alles.
	Babysitter/in, der/die, -/-nen	....	+ Habt ihr für Samstag einen Babysitter?
	Zügeltag, der, -e	....	– Nein, am Zügeltag kommt meine Mutter.
	Umzugskarton, der, -s	....	+ Ich habe noch Umzugskartons im Keller.
	besorgen	....	– Danke, wir haben schon welche besorgt.
	Zügelwagen, der, -	....	Wir haben einen grossen Zügelwagen gemietet

H<u>au</u>srat, der, *	....	+ Habt ihr denn viel Hausrat?
<u>ei</u>npacken	....	– Ja, und wir müssen das alles noch einpacken.
<u>I</u>nhalt, der, -e	....	+ Was für ein Inhalt ist in diesem Karton?
B<u>a</u>bybedarf, der, *	....	– In dem Karton ist der Babybedarf.
Verpfl<u>e</u>gung, die, *	....	Gibt es Verpflegung? Wir haben Hunger!
W<u>a</u>schzeug, das, *	....	Hast du meine Zahnpasta in dein Waschzeug gepackt?

5❸ schützen .... Hier sind wir vor dem Regen geschützt.

s<u>o</u>nst .... Zieh den Pullover an, sonst ist dir zu kalt!

5❸a **Sänger/in**, der/die, -/-nen .... Madonna ist eine tolle Sängerin.

6 Erste Hilfe

<u>E</u>rste H<u>i</u>lfe, die, * .... Ein Unfall! Wir brauchen Erste Hilfe!

6❶ **Pfl<u>a</u>ster**, das, - .... Ich habe mich geschnitten. Hast du ein Pflaster?

N<u>a</u>senspray, das, -s .... Ich brauche auch ein Nasenspray.

Hausapotheke, die, -n .... Das Pflaster ist in der Hausapotheke.

Verband, der, "-e .... Oh je – ich mache dir einen Verband.

Schere, die, -n .... Hast du mal eine Schere? Ich muss ein Pflaster abschneiden.

Tropfen, die, *Pl.* .... Diese Tropfen sind gut gegen Husten.

anschlagen, angeschlagen .... Aua! Ich habe mir den Kopf angeschlagen.

Zitrone, die, -n .... Willst du etwas Zitrone in den Tee?

brechen (sich etw.), gebrochen .... Er hat sich beim Skifahren das Bein gebrochen.

Notarzt/Notärztin, der/die, "-e/-nen .... Ich rufe sofort den Notarzt!

erkältet (sein) .... Im Winter bin ich oft erkältet.

kühlen .... Du musst das Knie mit Eis kühlen.

Stelle (2), die, -n .... Diese Stelle tut besonders weh.

verbrennen, verbrannt .... Ich habe mich am heissen Herd verbrannt.

reinigen .... Man muss die Wunde reinigen.

Wunde, die, -n	....	Die Wunde sieht wirklich schlimm aus.
kleben (+ auf)	....	Ich klebe ein Pflaster auf die Wunde.
6 1 b **Fan,** der, -s	....	Sie ist Fan von Robbie Williams.
Folge (1), die, -n	....	Siehst du jede Folge von Marienhof?
Znacht, das, *	....	Was gibt es heute zum Znacht?
Hochzeitsszene, die, -n	....	Bei Hochzeitsszenen muss ich oft weinen.
Szene, die, -n	....	Solche Szenen sieht man viel zu selten.
schlecht (jdm ist …)	....	Das Essen war nicht gut. Mir ist schlecht.
Blut, das, *	....	Sie kann kein Blut sehen.
losrennen, losgerannt	....	Sie hatte Angst und ist einfach losgerannt.
trotzdem	....	Es ist kalt, aber wir baden trotzdem.
froh	....	Er ist froh, dass er Urlaub hat.

Übungen

96

Einheit 7

Ü 1 a **starten** .... Schnell, das Flugzeug startet gleich!

Bahnlinie, *die, -n* .... Die Bahnlinie S1 fährt unregelmässig.

Industrie, die, -n .... In dieser Region gibt es kaum Industrie.

Zugang, *der, "-e* .... Hier ist kein Zugang, benutzen Sie den anderen Eingang.

Bundesland, das, "-er .... Deutschland hat 16 Bundesländer.

damit .... Sie war die Schnellste. Damit hat sie den Weltrekord!

Industriestandort, *der, -e* .... Wolfsburg ist ein Industriestandort.

Eisenbahnknotenpunkt, *der, -e* .... Die Stadt Hamm ist Eisenbahnknotenpunkt.

Seehafen, *der, "-* .... Am Seehafen kann man grosse Schiffe sehen.

Musical, das, -s .... Gehen wir in die Oper oder ins Musical?

Metropole, *die, -n* .... Paris ist die schönste Metropole in Europa.

erfolgreich .... Er ist in seinem Beruf sehr erfolgreich.

weltbekannt .... Er ist sogar weltbekannt.

bekannt	....	Er ist bekannt für seine Filme.
Ballett, das, -e	....	Sie ist Tänzerin beim Ballett.
idyllisch	....	+ Die Landschaft hier ist idyllisch.
Autobahnanschluss, der, ¨-e	....	– Ja, aber es gibt keinen Autobahnanschluss.
Landstrasse, die, -n	....	+ Man kann ja die Landstrasse nehmen.
anreisen	....	Viele Urlauber reisen mit der Bahn an.
Dorfbewohner/in, der/die, -/-nen	....	Die meisten Dorfbewohner sind hier geboren.
Bewohner/in, der/die, -/-nen	....	Das Haus steht leer. Wo sind die Bewohner?
Bauernmarkt, der, ¨-e	....	Wir kaufen oft auf dem Bauernmarkt ein.

Ü2a **Teil,** der, -e — Einen Teil der Hausarbeit macht mein Mann.

Ü3 **Buchstabe,** der, -n — X ist ein seltener Buchstabe.

Ü4 **wach** — Meine Katze ist schon um fünf Uhr wach.

füttern — Dann muss ich sie sofort füttern.

mitfahren, mitgefahren — Darf ich bei euch im Auto mitfahren?

Ü**5**	**Matur,** die, *	....	Er hat mit 19 Jahren seine Matur gemacht.
Ü**6**	**rechnen**	....	In Mathematik war er immer schlecht. Er kann nicht gut rechnen.
	Musikschule, die, -n	....	Er lernt in der Musikschule Gitarre spielen.
Ü**8**	**Sehr geehrte/r ...** (Anrede im Brief)	....	Sehr geehrte Frau Malinowski, ...
	Mail, die, -s	....	Er schickt ihr viele Mails.
	einziehen, eingezogen	....	Wir sind gerade in die Wohnung eingezogen.
	in Höhe von	....	Wir zahlen Miete in Höhe von 1500 Franken.
	abstellen	....	Sie dürfen Ihr Velo hier nicht abstellen!
	zurückrufen, zurückgerufen	....	Können Sie mich bitte schnell zurückrufen?
	folgende	....	Die folgende Lektion ist sehr interessant.
	Nummer, die, -n	....	Kannst du mir deine Nummer geben?
	herzlichst	....	Ich grüsse dich herzlichst, deine Luise
	Info, die, -s (Kurzform)	....	Er braucht aktuelle Infos zum Thema.

Ü10 **Rettungssanitäter/in,** *der/die, -/-nen*	....	Als Rettungssanitäter kann er vielen Menschen helfen.
Fussball-EM, *die, -s*	....	Wer gewinnt die Fussball-EM?
Fussballspieler/in, *der/die, -/-nen*	....	Brasilien hat sehr gute Fussballspieler.
Stadion, das, *Pl.*: Stadien	....	Das Stadion ist ausverkauft.
Ü11 **Ofen,** der, "-	....	Die Pizza kommt frisch aus dem Ofen.

8 Kultur erleben

kulturell	....	Diese Stadt bietet viel kulturelles Leben.
Vergangene, *das,* *	....	Das Vergangene ist vorbei und vergessen.
damals	....	Damals war das Leben anders als heute.
Theaterintonation, *die,* *	....	Sprich den Satz mal mit Theaterintonation!

1 Kulturhauptstädte Europas

Kulturhauptstadt, die, "-e .... Welche Stadt war 2002 Kulturhauptstadt?

1 1 **Begriff,** der, -e .... Kannst du mir diesen Begriff erklären?

Assoziogramm, das, -e .... Wir machen ein Assoziogramm zum Thema Kultur.

1 2 griechisch .... Aristoteles war ein griechischer Philosoph.

Kulturminister/in, der/die, -/-nen .... Unser Kulturminister macht gute Politik.

Minister/in, der/die, -/-nen .... Wie viele Minister hat das Land?

Titel, der, - .... Das Buch ist toll, aber ich habe leider den Titel vergessen.

Kleinstadt, die, "-e .... Ist das Leben in der Kleinstadt nicht langweilig?

Festival, das, -s .... Nein, wir haben im Sommer viele Festivals.

Ausstellung, die, -en .... Warst du in der Van-Gogh-Ausstellung?

Oper, die, -n .... Die Zauberflöte ist meine Lieblingsoper.

Aufführung, die, -en .... Die Aufführung gestern Abend hat mir sehr gefallen.

Lesung, *die, -en*	....	Manchmal gibt es Lesungen im Literaturhaus.
Veranstaltung, die, -en	....	Das sind viele Veranstaltungen für so eine kleine Stadt!
Innenstadt, die, "-e	....	In der Innenstadt gibt es auch einige Kneipen.
Hafen, der, "-	....	Am Hafen kommen oft grosse Schiffe an.
Open-Air-Bühne, *die, -n*	....	Im Sommer gibt es Konzerte auf der Open-Air-Bühne.
Bühne, die, -n	....	Es haben schon richtige Stars auf der Bühne gestanden.
Literaturfestival, *das, -s*	....	Sehr bekannt ist auch unser Literaturfestival.
Literatur, *die, -en*	....	+ Interessiert du dich denn für Literatur?
Künstler/in, der/die, -/-nen	....	– Natürlich, ich bin doch Künstlerin.
Ruhrgebiet, das, *	....	Das deutsche Ruhrgebiet besteht aus mehreren Grossstädten.
Wahl, die, -en	....	Du hast die Wahl: Kaffee oder Tee?
Partnerstadt, *die, "-e*	....	Unsere Stadt hat viele Partnerstädte.

2 Luzern – gestern und heute

2 1 a geschäftlich

geschäftlich	....	Bist du privat oder geschäftlich hier?
neugierig	....	Entschuldige die Frage, ich bin so neugierig.
Holzbrücke, die, -en	....	In Luzern gibt es eine Holzbrücke.
teilnehmen, teilgenommen	....	Er nimmt an vielen Seminaren teil.
Malerei, die, *	....	Wie waren im Museum für französische Malerei.
Architektur, die, -en	....	Das Haus hat eine interessante Architektur.
Zeichnung, die, -en	....	In dem Museum gibt es viele Bilder und Zeichnungen.
Konzept, das, -e	....	Das ist ein interessantes Konzept.
Vorverkauf, der, *	....	Manchmal sind Konzertkarten im Vorverkauf billiger.
unbedingt	....	Er will unbedingt Arzt werden.
Hochschule, die, -n	....	Peter studiert an der Hochschule Medizin.
Klassik, die, *	....	Der Radiosender spielt Klassik-Hits.
komponieren	....	Wagner hat viele Opern komponiert.

veranstalten	....	Wir veranstalten ein Konzert.
2 2 a Reiseleiter/in, der/die, -/-nen	....	Unser Reiseleiter weiss wirklich alles über die Stadt.
einzeichnen	....	Ich zeichne den Treffpunkt auf dem Plan ein.
Route, die, -n	....	Kannst du die Route auch einzeichnen, bitte?
Konzertsaal, der, Konzertsäle	....	Der Konzertsaal in Luzern ist sehr bekannt.
2 2 b Akustik, die, *	....	Der Konzertsaal hat eine sehr gute Akustik.
brennen	....	Das Feuer brennt.
Orgel, die, -n	....	Er spielt jeden Sonntag Orgel in der Kirche.
Wohnhaus, das, "-er	....	In diesem Wohnhaus leben acht Familien.
Stil, der, -e	....	Ihre Wohnung ist im Stil der 70er Jahre eingerichtet.
Besuch, der, -e	....	Zu unserer Reise gehörte auch der Besuch des Nationalmuseums.

3 Einen Theaterbesuch organisieren

Theaterkasse, die, -n	....	– Wir können bei der Theaterkasse fragen.

Kasse, die, -n .... Sie müssen an der Kasse bezahlen. **104**

Reisegruppe, die, -n .... Wir sind eine Reisegruppe von 15 Personen.

Rang, der, -e .... Im 2. Rang sind noch Plätze frei.

Ermässigung, die, -en .... Es gibt keine Ermässigung für Gruppen.

anbieten, angeboten .... + Bieten Sie Studenten eine Ermässigung an?

Abendkasse, die, -n .... – Ja, aber nur an der Abendkasse.

3 1 präsentieren .... Der Reiseleiter präsentiert das Programm.

Anreise, die, -n .... Die Anreise mit dem Zug ist am Freitag.

Abreise, die, -n .... Die Abreise ist am Sonntag.

Unterkunft, die, "-e .... Die Unterkunft im Hotel ist teuer.

4 Über Vergangenes sprechen und schreiben

4 1 Parkuhr, die, -en .... Gibt es hier Parkuhren?

4 4 Komponist/in, der/die, -en/-nen .... Mozart ist ein bekannter Komponist.

	Stück (2), *das, -e*	....	Dieses Stück ist aber von Bach, glaube ich.
4 5 a	**Medizin,** *die,**	....	Ueli studiert Medizin.
	Tod, *der, -e*	....	Ich habe heute von seinen Tod erfahren.
	Drama, das, -en	....	Das europäische Drama kommt aus dem alten Griechenland.
	Held/in, der, die, -en/nen	....	Der Held der Geschichte stirbt am Ende.
	Freiheit, *die, -en*	....	Alle träumen von der grossen Freiheit.
4 7	*extra*	....	Er hat extra einen Kuchen gebacken.
4 8	*Zeitform, die, -en*	....	Die Zeitformen muss man lernen.
	Reisebericht, *der, -e*	....	Nach der Reise mit unserem Deutschkurs müssen wir noch einen Reisebericht schreiben.
	Geografie, *die,**	....	Geografie ist sein Lieblingsfach.
	wenig (ein wenig)	....	Für die nächste Reise müssen wir noch ein wenig sparen.
	ändern	....	Er hat die Geschichte geändert.
4 9	*mythisch*	....	Wilhelm Tell war eine mythische Figur aus dem Kanton Uri.

*Fig**ur**, die, -en*	....	Einige Figuren wurden für das Stück erfunden.
*Revolution**ä**r, der*	....	Wilhelm Tell war kein wirklicher Revolutionär.
*Epis**o**de, die, -n*	....	Einige Episoden von Wilhelm Tell hat Schiller wahrscheinlich erfunden.
erfin**den,** erf**u**nden	....	Schiller hat einige Episoden wahrscheinlich erfunden.
wahr sein	....	Viele Leute denken, dass die Geschichten um Wilhelm Tell wahr sind.
schie**ssen,** gesch**o**ssen	....	Wilhelm Tell musste seinem Sohn einen Apfel vom Kopf schiessen.
Re**volte,** die, -en	....	Es hat eine Revolte gegeben.
tö**ten**	....	Wilhelm Tell wartete auf den Tyrannen und tötete ihn.
Tyra**nn,** der, -en	....	Er rettete einen Mann vor dem Tyrannen.
Föderatio**n,** die, -en	....	Die Legende sagt, dass die erste politische Föderation in der Schweiz am 1. August 1291 gebildet wurde.
bi**lden**	....	Sechsundzwanzig Kantone bilden die Schweiz.
Persö**nlichkeit,** die, -n	....	In Luzern haben viele interessante Persönlichkeiten gelebt.
biogra**fisch**	....	Sie hat einen biografischen Text geschrieben.

Übungen

Ü1 **Katastrophe,** die, -n .... Das Feuer war eine Katastrophe.

abspielen (sich) .... Die Szene spielte sich vor den Augen der Luzerner ab.

Holz, das, "-er .... Die Kapellbrücke in Luzern ist aus Holz.

Motorboot, das, -e .... Es gab ein Feuer auf einem Motorboot.

stoppen .... Die Polizei stoppt den Verkehr.

retten .... Die Feuerwehr rettet die Katze vom Baum.

zum Glück .... Zum Glück war der Katze nichts passiert.

dokumentieren .... Die Konstruktion der Brücke ist in alten Papieren dokumentiert.

restaurieren .... Man hat das alte Haus restauriert und will es jetzt verkaufen.

Kopie, die, -n .... Zum Glück gab es von den Bildern Kopien.

Ü2 **Eintrittskarte,** die, -n .... Ich habe Eintrittskarten gewonnen.

Ü3 **Fussballspiel,** das, -e .... Sind das Karten für ein Fussballspiel?

Hauptsache, die, * .... Freust du dich? Das ist die Hauptsache.

wụnderbar	....	Ja, ich finde es wunderbar.
Ü4a zusạmmenpassen	....	Dieses Hemd und die Hose passen nicht zusammen.
ụnverheiratet ≠ verheiratet	....	Bestimmt ist er noch unverheiratet.
Ü5b Tonhalle, die, -n	....	Die Zürcher Tonhalle gibt es seit 1895.
Ü6 trẹnnen (sich) von jmd	....	Sie hat sich von ihrem Mann getrennt.
Skandạl, der, -e	....	Es gab einen Skandal.
gebọren	....	Sie wurde 1988 geboren.
Schẹidung, die, -en	....	Nach der Scheidung lebte sie alleine.
Partitụr, die, -en	....	Auf die Partitur schrieb er: Tribschener Idyll.
Ü7 verlịeben (sich)	....	Er hat sich in sie verliebt.
Ü8 Opernhaus, das, "-er	....	Das Opernhaus in Sydney ist berühmt für seine Architektur.
inzwịschen	....	Inzwischen ist der Musiker sehr bekannt.
Kreativität, die, *	....	Der Künstler ist bekannt für seine Kreativität.
Ü9b *futurịstisch*	....	Er baut futuristische Häuser.

konventionell	....	Konventionelle Gebäude mag sie nicht.

9 Arbeitswelten

Lebenslauf, der, "-e	....	Klaus sucht einen Job. Er schreibt zuerst seinen Lebenslauf.
hinterlassen, hinterlassen	....	Sie können mir telefonisch eine Nachricht hinterlassen.
Höflichkeit, die, -en	....	Höflichkeit kostet nichts, sagt meine Oma.

1 Ausbildung, Umschulung, Beruf

Umschulung, die, -en	....	Vor ihrer Umschulung hatte sie keine Arbeit.
1 **Ausbildung,** die, -en	....	Nach der Schule macht sie eine Ausbildung.
Bauernhof, der, "-e	....	Die Familie lebt schon seit vier Generationen auf diesem Bauernhof.
Landwirt/in, der/die, -e/en	....	Ein Landwirt arbeitet auf dem Bauernhof.
Bewerbung, die, -en	....	Hast du schon deine Bewerbung geschrieben?

Betrieb, der, -e	....	In diesem Betrieb arbeiten 150 Leute.
Landwirtschaft, die, *	....	Er wollte immer in der Landwirtschaft arbeiten.
aufziehen, aufgezogen	....	Ich will meine Kinder auf dem Land aufziehen.
Bauer/Bäuerin, der/die, -n/-nen	....	Sie kann nicht mehr als Bäuerin arbeiten.
Informatiker/Informatikerin, der/die, -/-en	....	Er arbeitet als Informatiker.
programmieren	....	In welcher Computersprache ist das programmiert?
EDV, (Abk.: elektronische Datenverarbeitung)	....	Sie arbeitet in der EDV-Abteilung.
Teilzeit, die, *	....	Möchten Sie Teilzeit oder Vollzeit arbeiten?
Vollzeit, die, *	....	Ich muss Vollzeit arbeiten.
Erzieher/in, der/die, -/-nen	....	Sie arbeitet als Erzieherin, weil sie Kinder mag.
Teilzeit, die, *	....	Sie arbeitet Teilzeit, weil sie Zeit für die Familie haben möchte.
tagsüber	....	Tagsüber bin ich fast nie zu Hause.
Grossküche, die, -n	....	Er ist Koch in einer Grossküche.
anstrengend	....	Die Arbeit ist sehr anstrengend.

Lehrstelle, die, -n	....	Klaus hat eine Lehrstelle gefunden.
Berufsfachschule, die, -n	....	Jetzt geht er in die Berufsfachschule.
Coiffeursalon, der, -s	....	Im Coiffeursalon lernt er Haare schneiden.
Coiffeur/in, der/die, -e/-nen	....	Sie ist von Beruf Coiffeurin.
ausbilden	....	Sein Chef bildet drei junge Leute aus.
Angestellte, der/die, -n	....	Er hat insgesamt sechs Angestellte.
Lernende, der/die, -n	....	Die Auszubildenden lernen viel und gern.
1❷ **selbstständig machen (sich) machen.**	....	Klaus will sich später selbstständig machen.
1❸ **Militär,** das, *	....	Aber mit 18 muss er noch neun Monate zum Militär.
Au-Pair, das, -s	....	Eva geht als Au-Pair für ein Jahr nach Rom.

2 Arbeitssuche

2❶a *Anforderung, die, -en*	....	Die Firmen stellen hohe Anforderungen.
*Gesundheit, die, * *	....	Sport ist wichtig für die Gesundheit.

*Krankenpflege, die, ***	....	In der Krankenpflege gibt es noch Jobs.
Seniorenheim, das, -e	....	Unsere Grossmutter lebt seit zwei Jahren im Seniorenheim.
ambulant	....	+ Warst du im Krankenhaus? – Ja, aber nur ambulant.
Pflege, die, *	....	Mein Opa braucht rund um die Uhr Pflege.
Schichtdienst, der, -e	....	Sie müssen im Schichtdienst arbeiten.
Berufserfahrung, die, *	....	Ohne Berufserfahrung findet man keine Stelle.
Führerausweis (Kategorie B), der, -e	....	Zum Autofahren braucht man den Führerausweis der Kategorie B.
z. T. = zum Teil	....	Ich habe die Arbeit nur zum Teil gemacht.
schriftlich	....	Bitte schicken Sie eine schriftliche Bewerbung.
Baustelle, die, -n	....	Für die Baustelle suchen wir noch Arbeiter.
Maurer/in, der/die, -/-nen	....	Für Maurer gibt es hier genug Arbeit.
Maler/in, der/die, -/-nen	....	+ Habt ihr noch Maler in eurer Wohnung?
Lackierer/in, der/die, -/-nen	....	– Ja, die Lackierer machen unsere Fenster neu.
Berufsanfänger/in, der/die, -/-nen	....	+ Sind Sie Berufsanfänger?

Metallbaukonstrukteur/in, der/die, -e/-nen	....	Er ist Metallbaukonstrukteur von Beruf.
Fähigkeitszeugnis, das, -se	....	Nach der Lehre gibt es das Fähigkeitszeugnis.
Kenntnis, die, -e	....	Meine Kenntnisse in Geschichte sind schlecht.
Kaufmann/-frau, der/die, ¨-er/-en	....	Franz arbeitet als Kaufmann.
Export, der, -e	....	Der Export ist sehr wichtig für die deutsche Wirtschaft.
Sachbearbeitung, die, *	....	Seine Kollegin ist in der Sachbearbeitung tätig.
Kundenkontakt, der, -e	....	Ein guter Kundenkontakt ist wichtig für die Firma.
Profil, das, -e	....	Dieser Bewerber hat das richtige Profil.
attraktiv	....	Susi sieht sehr attraktiv aus.
Sozialleistung, die, -en	....	Die Firma bietet Sozialleistungen an.
Ansprechpartner/in, der/die, -/-nen	....	Ihre Ansprechpartnerin ist Frau Hubert.
telefonisch	....	Sie ist telefonisch bis 18 Uhr zu erreichen.
richten (etw. an jdn)	....	Sie können Ihre Frage auch an mich richten.

2 1 b **Wochenendarbeit,** die, -en .... Für Kellner ist Wochenendarbeit normal. **114**

verdoppeln .... + Die Zahl der unverheirateten Männer hat sich verdoppelt.

feststellen .... – Wer hat das festgestellt?

Studie, die, -n .... + Das ist das Ergebnis einer Studie.

Forschungsgruppe, die, -n .... Die Forschungsgruppe präsentiert ihre Studie.

Arbeitsuchende, der/die, -n .... Von den Männern sind 20 % Arbeitsuchende.

Renner, der, - .... Dieser Film ist der Renner in den Kinos.

Jobbörse, die, -n .... Er hat seine Stelle über die Jobbörse gefunden.

Nutzer/in, der/die, -/-nen .... Als Nutzer des Internets bin ich informiert.

2 2 *tabellarisch* .... Schicken Sie uns Ihren tabellarischen Lebenslauf.

Stichwort, das, "-er .... Ein paar Stichwörter sind genug.

2 2 a **Schulabschluss,** der, "-e .... Sie hat mit 16 ihren Schulabschluss gemacht.

Personalien, die, *Pl.* .... Die Personalien stehen im Lebenslauf.

Zivilstand, der, *	....	Man schreibt seinen Zivilstand in den Lebenslauf.
Nationalität, die, -en	....	Was ist Ihre Nationalität?
stellvertretend	....	Er spricht stellvertretend für die Gruppe.
Rechnungswesen, das, *	....	Beat besucht einen Kurs in Rechnungswesen.
AG, die, -s (Abk.: Aktiengesellschaft, die, -en)	....	Er hat eine AG gegründet.
Finanzwesen, das, *	....	Thomas sucht eine Stelle im Finazwesen.
Primarschule, die, -n	....	In den meisten Kantonen dauert die Primarschule sechs Jahre.
Sekundarschule, die, -n	....	Frau Kägi arbeitet als Lehrerin in der Sekundarschule.
Buchhaltung, die, -en	....	Frau Mayer führt die Buchhaltung.

2 **2** b **senden** .... Wir senden Ihnen den Vertrag per Post.

mit freundlichen Grüssen
(*Gruss im Brief*)

Vogel, der, "- .... Der Strauss ist ein Vogel, der nicht fliegen kann.

imitieren .... Ich kann einen Hund imitieren: Wau wau!

116

Einheit 9

3 Berufswünsche

3 1 a *Schiffskapitän/in*, der/die, -e/-nen .... Als kleiner Junge wollte er Schiffskapitän werden.

Bautechniker/in, der/die, -/-nen .... Aber dann ist er Bautechniker geworden.

3 1 *Traumberuf*, der, -e .... Welche Traumberufe haben deine Kinder?

Tänzer/in, der/die, -/-nen .... Meine Tochter will Tänzerin werden.

Lokomotivführer/in, der/die, -/-nen .... Mein Sohn will Lokomotivführer werden.

3 1 b anwenden .... Du musst die Grammatik auch anwenden.

unzufrieden ≠ zufrieden .... Bist du unzufrieden mit deinen Deutsch-kenntnissen?

4 Wortschatz systematisch

Wortschatz, der, * .... Ja, mein Wortschatz ist zu klein.

systematisch .... Es ist am besten, Wörter systematisch zu lernen.

4 1 a Tätigkeit, die, -en .... Es gibt viele interessante Tätigkeiten.

	Schreiner/in, der/die, -/-nen	....	Am liebsten möchte ich als Schreiner arbeiten.
4️⃣5️⃣	**Karteikarte**, die, -n	....	Was machst du mit den Karteikarten?
	Grammatik, die, -en	....	Ich lerne die deutsche Grammatik.

5 Höflichkeit

5️⃣2️⃣	**Rückruf**, der, -e	....	Sie wartet auf seinen Rückruf.
	dringend	....	Es ist dringend, beeilen Sie sich!
	Institut, das, -e	....	Ich rufe den Professor im Institut an.
	verbinden (sich ... lassen)	....	Können Sie mich bitte mit Herrn Mantey verbinden?
	unterbrechen (jdn), unterbrochen	....	Aber ich kann meine Frage nicht stellen. Er unterbricht mich immer.
5️⃣3️⃣	**zumachen**	....	Kannst du bitte die Tür zumachen?
	Taschentuch, das, "-er	....	Du bist erkältet. Möchtest du ein Taschentuch?
5️⃣4️⃣	**vorbeilassen**, vorbeigelassen	....	Ich muss hier durch. Lassen Sie mich vorbei?
5️⃣6️⃣	**klingen**, geklungen	....	Das Lied klingt traurig.

5 **7**	h**ö**flich	....	Die Engländer sind immer sehr höflich.
	interkultur**e**ll	....	Interkulturelle Beziehungen sind wichtig.
	Beto**nung,** die, -en	....	Die Betonung liegt auf diesem Wort.
	Körpersprache, die, -n	....	Seine Körpersprache drückt mehr aus als Worte.
	h**o**ch (2)	....	Sie müssen hoch in den fünften Stock gehen.
	Sti**mme,** die, -n	....	Der Sänger hat eine schöne Stimme.
	*S*a*tzanfang, der,* "-*e*	....	Ich habe den Satzanfang nicht verstanden.

Übungen

Ü **1**	*Sch*i*chtarbeiter/in, der/die,* -/-nen	....	Schichtarbeiter müssen oft nachts arbeiten.
	h**a**rt	....	Ja, das ist hart.
	*Flor*i*st/in, der/die,* -en/-nen	....	Sie liebt Blumen. Sie will Floristin werden.
	Gärtnerei**,** die, -en	....	Sie hat sich bei einer Gärtnerei beworben.

Feierabend, der, -e	....	Ich will jetzt nicht an die Arbeit denken. Ich habe Feierabend!
Flugzeugbauer/in, der/die, -/-nen	....	Flugzeugbauer ist ein interessanter Beruf.
Kommunikationswissenschaften, die, Pl.	....	Ella hat Kommunikationswissenschaften studiert.
Band, die, -s	....	Diese Band macht gute Musik.
chaotisch	....	Entschuldige, meine Wohnung sieht chaotisch aus.

Ü 2 a
Talent, das, -e	....	Der junge Musiker hat viel Talent.
Bit, das, -s	....	+ Wie viel ist ein Bit?
Byte, das, -s	....	– Ein Byte besteht aus acht Bits.
Fachinformatiker/in, der/die, -/-nen	....	Er ist ein erfahrener Fachinformatiker.
Zahntechniker/in, der/die, -/-nen	....	Seine Freundin ist Zahntechnikerin.
befristet	....	Ihre Stelle ist auf ein Jahr befristet.
Zahnarztpraxis, die, Pl.: Zahnarztpraxen	....	Mein Zahnarzt hat eine moderne Zahnarztpraxis.
Mediendesigner/in, der/die, -/-nen	....	Mediendesigner ist ein kreativer Beruf.

120

Einheit 9

bieten, geboten	....	Das Kino bietet ein gutes Programm.
Ü**2**b *Webdesign, das, -s*	....	Haben Sie Erfahrung in Webdesign?
Babypause, die, -n	....	Nach der Geburt ihrer Tochter macht sie eine Babypause.
Ü**3** **Geburtsdatum,** das, *	....	+ Wie ist dein Geburtsdatum? – 16.01.1969.
Teil, der, -e	....	Das ist nur ein Teil. Der Rest kommt später.
Geburtsort, der, -e	....	München ist sein Geburtsort.
Ü**4** **Dolmetscher/in,** der/die, -/-nen	....	Sie ist Dolmetscherin für Russisch.
Grafiker/in, der/die, -/-nen	....	Er ist Grafiker bei einer Zeitung.
Ü**5** **Musikinstrument,** das, -e	....	Meine Kinder lernen alle ein Musikinstrument.
Ü**7** **tippen**	....	Die Sekretärin tippt den Brief.
Übersetzer/in, der/die, -/-nen	....	Er kann perfekt Spanisch. Er ist Übersetzer.
Ü**8** **Karriere,** die, -n	....	Sie möchte Karriere machen und viel Geld verdienen.
Ü**9** **unsicher** ≠ sicher	....	Als Berufsanfänger ist man oft unsicher.
deshalb	....	Deshalb braucht man manchmal Hilfe.

Ü10	**zurz_ei_t**	....	Zurzeit habe ich Urlaub.
	Sign_a_lton, der, "-e	....	Bitte sprechen Sie nach dem Signalton.
Ü11	**Mod_e_ll**, *das, -e*	....	Dieses Modell ist der Renner!

Station 3

1 Berufsbild Ergotherapeutin

	_E_rgotherapeut/in, *der/die, -en/-nen*	....	Sie arbeitet als Ergotherapeutin.
1**2** a	**Z_ei_le**, *die, -n*	....	Ich habe nur ein paar Zeilen gelesen.
	Konzentrat_io_n, *die, **	....	Er hat Probleme mit der Konzentration.
	Therap_ie_, *die, -n*	....	Dagegen hilft eine Therapie.
	spezi_e_ll	....	Es gibt auch spezielle Übungen, die helfen.
	Bew_e_gung, *die, -en*	....	Bewegung ist wichtig. Ich treibe viel Sport.
	b_a_steln	....	Kinder basteln gern.

Material, das, Pl.: Materialien	....	Welche Materialien benutzt ihr?	**122**
Holz, das, "-er	....	Als Tischler arbeitet er viel mit Holz.	
verbessern	....	Ich möchte meine Kenntnisse verbessern.	
Fachhochschulunterricht, der, *	....	Der Fachhochschulunterricht ist interessant.	
Mischung, die, -en	....	Ich mag die Mischung aus Praxis und Theorie.	
Theorie, die, -n	....	Die Theorie ist aber manchmal langweilig.	
Berufsalltag, der, *	....	Im Berufsalltag lernt man am meisten.	
Seniorenheim, das, -e	....	Meine Grossmutter wohnt im Seniorenheim.	
alltäglich	....	Wir sprechen über alltägliche Probleme.	
hyperaktiv	....	Viele Kinder sind heute hyperaktiv.	
nachbauen	....	Er baut das Modell nach.	
konzentriert	....	In seinem Büro kann er konzentriert arbeiten.	
1 **2** b *dreijährig*	....	Sie hat eine dreijährige Tochter.	

Station 3

14 a _ein_sammeln	....	Sie sammelt das Geld für das Geschenk ein.
_auf_springen, _auf_gesprungen	....	Wer zuerst aufspringt, hat gewonnen.
14 b _auf_stellen	....	Bitte stellt euch in dieser Reihenfolge auf.
rẹchte	....	Ich kann nur mit der rechten Hand schreiben.
15 b zurụ̈ckkommen, zurụ̈ckgekommen	....	Wir sind gestern aus dem Urlaub zurückgekommen.

2 Wörter – Spiele – Training

2 1 Berụferaten, das,*	....	Beruferaten ist ein lustiges Spiel.
2 1 b tagsüber	....	Tagsüber arbeite ich viel.
nạchts	....	Nachts schlafe ich.
2 2 sẹtzen (sich)	....	Setzen Sie sich doch.
diktieren	....	Hast du den Brief diktiert?
Bauarbeiter/in, der/die, -/-nen	....	Ihr Mann ist Bauarbeiter.
2 3 mụ̈ndlich	....	Diese Übung machen wir mündlich.

2 4 *zusammenzählen* .... Ich muss die Punkte zusammenzählen.

Punkt, der, -e .... Ich habe 70 von 100 Punkten.

Auflösung, die, -en .... Kennst du die Auflösung des Rätsels?

hektisch .... Immer bist du so nervös und hektisch.

Picknick, das, -s und -e .... Wir machen ein Picknick im Park.

Parkplatzsuche, die, * .... Die Parkplatzsuche hat lange gedauert.

3 Grammatik und Evaluation

3 1 *drittgrösste* .... Ist Basel die drittgrösste Stadt der Schweiz? – Ja.

scheinen, geschienen .... Die Sonne hat den ganzen Tag geschienen.

Palme, die, -n .... Im Winter träume ich von Sonne, Meer und Palmen.

Pflanze, die, -n .... Im Schlosspark kann man viele alte Pflanzen sehen.

Schmetterling, der, -e .... Es gibt viele verschiedene Schmetterlinge.

beobachten .... Kinder beobachten auf der Mainau gerne die Schmetterlinge.

Seminar, das, -e	....	Am Wochenende hat Ueli ein Seminar.
Allee, die, -n	....	Die Allee mit den alten Bäumen ist besonders schön.
Sonnenaufgang, der, "-e	....	Die Insel Mainau öffnet bei Sonnenaufgang.
Sonnenuntergang, der, "-e	....	Ein Sonnenuntergang am Meer ist sehr romantisch.
3② **Wortstellung**, die, *	....	Die Wortstellung in der deutschen Sprache ist manchmal schwer.
3⑥ **Generation**, die, -en	....	In unserem Haus leben drei Generationen.
Bäckerei, die, -en	....	Heute gibt es keine Brötchen. Die Bäckerei hat zu.
Älteste, der, -n	....	Mein Grossvater ist der Älteste. Er ist 95.

4 Magazin: Tiere in der Zeitung

witzig	....	Warum lachst du? Das ist gar nicht witzig!
menschlich	....	Fehler sind menschlich.
Bundespräsident/in, der/die, -en/-nen	....	Unser Bundespräsident ist der beste!
unersetzlich	....	Ja, er ist einfach unersetzlich.

Überschrift, die, -en	....	In der Zeitung lese ich nur die Überschriften.
überfliegen, überflogen	....	Ich überfliege die Artikel nur.
zusammenfassen	....	Kannst du den Text kurz zusammenfassen?
Tierische, das, *	....	Es ist ein Text über das Tierische im Menschen.
Husky-Hündin, die, -nen	....	Meine Husky-Hündin läuft Rennen.
Frauchen, das, -	....	Du bist das Frauchen von der Husky-Hündin?
bellen	....	Mein Hund Struppi bellt ziemlich laut.
wecken	....	Dann weckt er alle Nachbarn.
Bürgermeister/in, der/die, -/-nen	....	Ist das der Bürgermeister von Bremen?
Rettung, die, -en	....	Danke für die Hilfe. Du bist meine Rettung.
Jumbo Jet, der, -s	....	Fliegt ihr mit dem Jumbo Jet?
Passagierraum, der, "-e	....	Der Jet hat einen grossen Passagierraum.
Passagier/in, der/die, -/-nen	....	Wie viele Passagiere passen hinein?
an Bord	....	Es sind 300 Passagiere an Bord.

Typ, *der, -en*	....	Das ist ein Flugzeug vom Typ Boeing 747.
Jet, *der, -s*	....	Der Jet kann nicht starten.
blinde Passagier/in, *der/die, -e/-nen*	....	Die Polizei sucht einen blinden Passagier.
Airline, *die, -s*	....	Ich fliege oft mit dieser Airline.
Gefahr, *die, -en*	....	James Bond ist immer in Gefahr.
Kabel, *das, -*	....	Der Computer geht nicht. Ist das Kabel kaputt?
durchbeissen, *durchgebissen*	....	Oh nein, eine Maus hat es durchgebissen!
umbuchen	....	Wir müssen den Flug umbuchen.
Klingeln, *das, **	....	Hast du das Klingeln an der Tür nicht gehört?
Bericht, *der, -e*	....	Ich muss den Bericht noch schreiben.
Provinz, *die, -en*	....	In der Provinz passiert nicht so viel.
Kuhstall, *der, "-e*	....	Die Kühe laufen allein in den Kuhstall.
schiessen, *geschossen*	....	+ Hat da jemand geschossen?
Jäger/in, *der/die, -/-nen*	....	– Ja, das war bestimmt ein Jäger.

Herrchen, das, -	....	Jeder Hund liebt sein Herrchen.
verletzen	....	Bei dem Unfall wurden viele Leute verletzt.
Unglück, das, *	....	Was für ein Unglück!
Jagd, die, -en	....	Diese Hunde sind gut für die Jagd.
Dackel, der, -	....	Ich mag kleine Dackel lieber.
loslassen, losgelassen	....	Im Wald lässt der Jäger die Hunde los.
Gewehr, das, -e	....	Er schiesst Vögel mit seinem Gewehr.
treten, getreten	....	Aua! Du hast mich getreten!
Abzug, der, "-e	....	Er hat den Finger schon am Abzug.
Schuss, der, "-e	....	Dann hört man den Schuss.
losgehen, losgegangen	....	Plötzlich ist ein Schuss losgegangen.
betrunken (sein)	....	Nach der Party war er sehr betrunken.
schwedisch	....	Ich mag die schwedische Natur.
Elch, der, -e	....	Dort gibt es Elche. Das sind schöne Tiere.

randalieren	....	Aggressive Typen haben hier randaliert.
Genuss, *der, "-e*	....	Dieser gute Wein ist ein Genuss.
faul	....	Er arbeitet nie. Er ist einfach faul.
normalerweise	....	Normalerweise mag ich keine faulen Leute.
friedlich	....	Unser Dorf ist sehr friedlich.
Polizist/in, *der/die, -en/-nen*	....	Die Polizistin kümmert sich um den Verkehr.
fressen, gefressen	....	Alle Katzen fressen gern Fisch.
Polizeikommando, *das, -s*	....	Das Polizeikommando ist sofort zur Stelle.
aggressiv	....	Betrunkene Leute sind oft aggressiv.
Menge, *die, -n*	....	Es gibt eine Menge Cafés im Zentrum.
enthalten, enthalten	....	Dieser Wein enthält wenig Alkohol.
Eichhörnchen, *das, -*	....	Im Park gibt es viele Eichhörnchen.
rennen, gerannt	....	Sie können sehr schnell rennen.
Grauhörnchen, *das, -*	....	Grauhörnchen sind auch süss.

Strafraum, *der*, "-e	....	Jetzt kommt der Ball in den Strafraum.
einwandern	....	Meine Eltern sind in den 60er Jahren in Deutschland eingewandert.
verdrängen	....	Ich verdränge meine Probleme gerne.
robust	....	Mein Fahrrad ist alt, aber sehr robust.
zurechtkommen, *zurechtgekommen*	....	Wie kommst du alleine zurecht?
mitten in	....	Ich habe eine schöne Wohnung mitten in der Stadt.
Halbzeit, *die*, -en	....	In der Halbzeit kommen die Nachrichten.
Zuschauer/in, *der/die*, -/-nen	....	Die Zuschauer im Stadion sind begeistert.
Tor, *das*, -e	....	Der Ball ist im Tor!
rumturnen	....	Die Kinder turnen im Zimmer rum.
irgendwo	....	Irgendwo ist mein Führerausweis, aber wo?
verjagen	....	Er hat die Katze verjagt.

10 Feste und Geschenke

Brauch, der, "-e	....	Das ist ein alter Brauch in unserem Dorf.
Bedingung, die, -en	....	Viele Menschen arbeiten unter schlechten Bedingungen.
Folge (2), die, -n	....	Die Folge ist, dass sie krank werden.
scharf, schärfer, am schärfsten	....	Das Essen ist aber scharf!
flüstern	....	Nicht so laut! Wir müssen flüstern.

1 Feste und Bräuche

1 1

Mass, die, -	....	Komm, trink noch eine Mass mit.
Oktoberfest, das, -e	....	Sie fahren jedes Jahr aufs Oktoberfest.
Weihnachtskrippe, die, -n	....	Wir haben eine Weihnachtskrippe aus dem Erzgebirge in Deutschland.
verkleiden	....	Alle Kinder verkleiden sich gern.

Weihnachtsbaum, der, "-e	....	Die Geschenke liegen unter dem Weihnachtsbaum.
Kürbis, der, -se	....	+ Isst du gern Kürbis? – Ja, als Suppe.
Brezel, die, -n	....	Zum Bier gibt es in Bayern oft eine Brezel.
Valentinstag, der, -e	....	Am Valentinstag schicke ich dir eine Karte.
Halloween, das, *	....	Heute ist Halloween. Hast du Angst?
1 2 **Import,** der, -e	....	Der Import von spanischen Weinen läuft gut.
1 2 a **Region,** die, -en	....	In dieser Region spricht man Dialekt.
deutschsprachig	....	+ Meine Eltern sind nicht deutschsprachig.
Ursprung, der, "-e	....	– Welche Ursprünge hat deine Familie denn?
Einwanderer/Einwanderin, der/die, -/-nen	....	+ Sie sind russische Einwanderer.
Kerze, die, -n	....	Eine Kerze auf dem Tisch finde ich schön.
hineinstellen	....	Hast du die Kerze schon hineingestellt?
vertreiben, vertrieben	....	Wie müssen die Katzen aus dem Garten vertreiben, sie jagen die Vögel.
böse	....	Lass sie doch, sie sind nicht böse.

Geist, der, -er	....	Glaubst du an Geister?
Süssigkeit, die, -en	....	Süssigkeiten sind schlecht für die Zähne.
Liebespaar, das, -e	....	Sie sind ein schönes Liebespaar.
Liebste, der/die, -n	....	Heute gehe ich mit meinem Liebsten essen.
amerikanisch	....	Halloween ist doch ein amerikanisches Fest.
Valentine, der, -s	....	+ Meinst du, er bekommt viele Valentines?
eher	....	– Eher nicht.
gegenseitig	....	+ Wir können uns gegenseitig welche schicken.
Überraschung, die, -en	....	– Das ist aber keine Überraschung mehr.

2 Feste im Jahreslauf

Jahreslauf, der, "-e	....	Im Jahreslauf gibt es viele Feste.
2 **1** b **Karneval,** der, -e oder -s	....	In Köln feiert man den Karneval.
Fasnacht, die, *	....	In Basel und Luzern feiert man Fasnacht.

Tradition, die, -en	....	Das ist eine alte Tradition.
Güdismontag, der, -e	....	Am Güdismontag verkleiden sich die Leute in Luzern.
Kostüm, das, -e	....	Alle Leute tragen ein Kostüm.
traditionell	....	Unsere Familie ist sehr traditionell.
Maske, die, -n	....	Wer bist du? Nimm die Maske ab.
Osterhase, der, -n	....	Am Sonntag kommt der Osterhase.
verstecken	....	Er versteckt Süssigkeiten und bunte Eier.
Osterei, das, -er	....	Die bunten Eier nennt man Ostereier.
Eierklopfen, das, *	....	Ich habe das Eierklopfen gewonnen.
Sommerfest, das, -e	....	Unsere Firma feiert jedes Jahr ein Sommerfest.
je	....	Je nach Wetter feiern wir drinnen oder draussen.
Strassenfest, das, -e	....	+ Kommst du mit aufs Strassenfest?
Alpfest, das, -e	....	In den Schweizer Bergen feiert man im Sommer Alpfest.
Tanz, der, "-e	....	Da gibt es Tanz und gutes Essen.

Ernte, die, -n	....	Dieses Jahr war die Ernte sehr gut.
Alpabzug, der, "-e	....	Beim Alpabzug laufen die Kühe durch die Strassen.
Heilige Abend, der, *	....	Am Heiligen Abend ist die Familie zusammen.
Weihnachtsmann, der, "-er	....	+ Glaubst du noch an den Weihnachtsmann?
Christkind, das, *	....	– Nein, zu uns kommt das Christkind.
Jahresende, das, *	....	Wir fahren am Jahresende oft weg.
Silvester, das, *	....	Silvester machen wir eine grosse Party.
Feuerwerk, das, -e	....	Natürlich gibt es ein schönes Feuerwerk.
anstossen, angestossen	....	Um null Uhr stossen wir an.
2 3 *Grillparty, die, -s*	....	Wir feiern eine Grillparty im Garten.
2 4 *Erntefest, das, -e*	....	– Nein, wir fahren aufs Land zum Erntefest.
2 5 a *Merkvers, der, -e*	....	Merkverse helfen beim Lernen.
Vers, der, -e	....	Wie geht der Vers denn?
merken	....	Ich weiss nicht, ich kann mir keine Verse merken.

Rhythmus, *der*, *Pl.:* Rhythmen	....	Das Lied hat einen tollen Rhythmus.
Reim, *der*, -e	....	„Ich bin klein, mein Herz ist rein". Den Reim kennt jeder, oder?
fit	....	Er ist fit. Er läuft jeden Tag 15 km.
2 **5** b **lösen**	....	Kannst du diese Aufgabe lösen?

3 Feste und Geschenke

3 **1** a **Gutschein**, der, -e	....	Ich habe noch einen Kino-Gutschein. Ich kann dich einladen.
Kuss, der, "-e	....	Tschüss und viele Küsse.
Socke, die, -n	....	Wo ist die zweite Socke?
Abfalleimer, der, -	....	Der Abfalleimer ist voll!
Badeschaum, der, "-e	....	Frauen schenken gern Badeschaum.
Gummibaum, *der*, "-e	....	Ich freue mich über einen Gummibaum.
3 **2** *kränken*	....	Ich bin traurig. Er hat mich gekränkt.
Tuch, das, "-er	....	Sie trägt ein grünes Tuch.

Sparbuch, *das*, "-er	....	Hast du noch Geld auf dem Sparbuch?
Knutschfleck, *der, -en*	....	Du hast ja einen Knutschfleck! Wer war das?
Bumerang, *der, -s oder -e*	....	Der Bumerang kommt wieder zurück.
Matratze, *die, -n*	....	Sie hat eine neue Matratze für ihr Bett.

3 3 a **Übertreibung**, die, -en .... So viele Geschenke? Was für eine Übertreibung!

Idee, die, -n .... Was können wir tun? Habt ihr eine Idee?

3 3 b **Stille Post**, *die, ** .... Wollen wir Stille Post spielen?

4 Verben mit Dativ- und Akkusativergänzung

4 1 **Parfüm**, das, -s .... Er hat ihr Parfüm noch in der Nase.

4 2 ***Taschenmesser**, das, -* .... Zum Camping nehme ich mein Taschenmesser mit.

4 3 a **weitergehen**, weitergegangen .... Und dann? Wie geht die Geschichte weiter?

ignorieren .... Dieses Problem kann man nicht ignorieren.

Lotto, *das, ** .... Hast du wirklich im Lotto gewonnen?

Lottoschein, der, -e   ....   Ja, hier ist mein Lottoschein.

4 4 **Videospiel,** das, -e   ....   Die Kinder spielen zu viele Videospiele.

5 Bedingungen und Folgen: Nebensätze mit wenn

5 1 **Brand,** der, "-e   ....   Der Brand ist eine Katastrophe für uns.
Das Haus kann man nicht mehr retten.

echt (2)   ....   Ist der Goldring echt?

romantisch   ....   Küsse im Sommerregen sind romantisch.

elektrisch   ....   Hast du keinen elektrischen Rasierer?

trocken   ....   Doch, ich rasiere mich immer trocken.

Vorhang, der, "-e   ....   Mach die Vorhänge zu! Man sieht ja alles.

paar   ....   Hast du ein paar Briefmarken für mich?

Eimer, der, -   ....   Der Eimer ist voll Wasser.

5 3 **gelaunt** (sein)   ....   Heute bin ich schlecht gelaunt.

5 4 **Laune,** die, -n   ....   Du hast doch nie schlechte Laune.

6 Ostern – ein Fest in vielen Ländern

6 1 a <u>Aus</u>flug, der, "-e .... Wir machen am Sonntag einen Ausflug.

P<u>i</u>cknick, das, -s oder -e .... Wir machen ein Picknick im Park.

<u>O</u>stersonntag, der, -e .... Ostersonntag suchen wir Ostereier.

zus<u>a</u>mmenschlagen, zus<u>a</u>mmengeschlagen .... Sie schlagen die Hände zusammen.

f<u>ä</u>rben .... Hast du die Eier schon gefärbt?

bem<u>a</u>len .... Wir haben die Eier mit Wasserfarben bemalt.

Osterr<u>u</u>te, die, -n .... Die jungen Männer haben Osterruten.

br<u>a</u>ten, gebraten .... Magst du gebratene Eier?

L<u>a</u>mm, das, "-er .... Bei uns isst man Lamm zu Ostern.

h<u>ei</u>lig .... In der Kirche feiert man die heilige Messe.

Prozessi<u>o</u>n, die, -en .... Es gibt eine Prozession durch das Dorf.

pr<u>ä</u>chtig .... Die Kostüme sehen prächtig aus.

Figur, die, -en

+ Ist das ein Mensch?
– Nein, nur eine Figur.

140

Einheit 10

Übungen

Ü 4 a schrecklich

+ Wie war die Party?
– Schrecklich, der totale Horror.

Laden, der, "- *(hier: Blumenladen)*

Wann macht der Laden auf?

cool

Deine Sonnenbrille ist echt cool.

Ü 5 a _ursprünglich_

Meine Familie kommt ursprünglich aus Polen.

zurückwandern

Meine Eltern sind wieder nach Polen zurückgewandert.

Ü 6 a Vorbereitung, die, -en

Wie ist die Vorbereitung auf die Prüfung gelaufen?

Braten, der, -

Ich esse gern Braten.

Ü 7 Fotograf/in, der/die, -en/-nen

Kommt ein Fotograf zu eurer Hochzeit?

Ü 9 a Paket, das, -e

Du hast Post. Ein grosses Paket.

Ü 12 a _Mami,_ die, -s

Sagst du Mami oder Mama zu deiner Mutter?

Ü 13 unbekannt ≠ bekannt

Das ist ein ganz unbekanntes Tier.

Schöne, der/die, -n	....	+ Guten Tag, meine Schöne! – Hallo, Schatz.
Angst, die, "-e	....	Sie hat Angst vor Spinnen.
Wikinger/in, der/die, -/-nen	....	Die Wikinger waren immer auf Seefahrt.

11 Mit allen Sinnen

Sinn, der, -e	....	Manchmal hat man einen siebten Sinn.
Textgrafik, die, -en	....	Diese Textgrafik soll man ergänzen.
zusammenfassen	....	Könnt ihr den Text zusammenfassen?
dehnen	....	Beim Yoga dehnt man den ganzen Körper.

1 Gesichter lesen

Gesicht, das, -er	....	Der alte Mann hat ein ernstes Gesicht.
Antipathie, die, -n	....	Er hat eine Antipathie gegen mich.

Aggression, die, -en	....	Aggressionen machen mir Angst.
Freundlichkeit, die, -en	....	Die Freundlichkeit der Leute hier ist angenehm.
nervös	....	Der Stress bei der Arbeit macht mich nervös.
ärgerlich	....	Er ist ärgerlich, weil sie immer zu spät ist.
entspannt	....	Im Urlaub bin ich ganz entspannt.
Gesichtsausdruck, der, "-e	....	Du hast so einen ernsten Gesichtsausdruck. Ist was?
Emotion, die, -en	....	Er zeigt keine Emotion.
erschrecken (sich)	....	Musst du mich so erschrecken?
Wut, die, *	....	Ich habe eine grosse Wut auf meinen Chef.
Ärger, der, *	....	Wir haben oft Ärger im Büro.
Ekel, der, *	....	Den Ekel vor Mäusen verstehe ich nicht.
eklig	....	Einige Leute finden Spinnen eklig.
ekeln (sich) (vor etw.)	....	Ich ekle mich nie vor Tieren.
Trauer, die, *	....	Nach dem Unglück war die Trauer gross.

	tr**au**ern (um etw.)	....	Er trauert um seine Mutter.
1 **2** b	st**i**nksauer	....	Ich bin stinksauer auf den Koch.
	*R**ie**senwut, die,* *	....	Ich habe sogar eine Riesenwut.
	W**ah**nsinn!	....	Ich habe im Lotto gewonnen. Wahnsinn!
1 **3**	p**o**sitiv	....	Freude ist eine positive Emotion.
	n**e**gativ	....	Wut ist nicht immer negativ.
	fant**a**stisch	....	Das ist ja fantastisch!
	Was ist l**o**s?	....	Was ist los? Was hast du?
	s**au**er	....	Ich bin sauer auf dich.
1 **4**	daz**u**: etw. dazu sagen	....	Also, dazu möchte ich etwas Wichtiges sagen.

2 Ein deutscher Liebesfilm

2 **1**	**E**rbse, die, -n	....	Isst du gern Erbsen?
	*emotion**a**l*	....	Sie reagiert oft sehr emotional.

144

Einheit 11

mitreissend	....	Das Konzert gestern war mitreissend.
näher kommen (sich)	....	Später sind wir uns näher gekommen.
Dreharbeiten, die, *Pl.*	....	Die Dreharbeiten für den Film waren chaotisch.
Tragikomödie, die, -n	....	Der Film ist eine Tragikomödie.
sympathisch	....	Ich finde den Schauspieler sympathisch.
humorvoll	....	Er ist humorvoll. Man kann mit ihm lachen.
Weise, die, -n	....	Diese Art und Weise gefällt mir nicht.
Blindheit, die, *	....	Er kann seine Blindheit nicht akzeptieren.
widmen	....	Er widmet sich ganz seiner Kunst.
Theaterregisseur/in, der/ die, -e/-nen	....	Sie ist Theaterregisseurin am Nationaltheater.
Autounfall, der, "-e	....	Er hatte einen Autounfall. Das Auto ist kaputt.
schuld sein, war, gewesen	....	Der andere Fahrer war schuld an dem Unfall.
blind	....	Sie sieht nichts, sie ist blind.

verzweifelt	....	Seine Frau ist gestorben. Er ist verzweifelt.
Regisseur/in, der/die, -e/-nen	....	Almodóvar ist ein spanischer Regisseur.
Nagel, der, "- *(etw. an den Nagel hängen)*	....	Ich habe genug! Ich hänge meinen Beruf an den Nagel.
trennen (sich von jdm)	....	Er will sich von seiner Frau trennen.
todkrank	....	Sie stirbt bald. Sie ist todkrank.
zurechtfinden (sich), zurechtgefunden	....	Findest du dich in der neuen Stadt schon zurecht?
Handlung, die, -en	....	Ich will die Handlung des Films nicht wissen.
Blinde, der/die, -n	....	Der Blinde hat einen Blindenhund.
gefährlich	....	Der Hund ist nicht gefährlich.
Komik, die, *	....	+ Ich verstehe die Komik der Situation nicht.
Humor, der, *	....	– Ach, du hast keinen Humor!
Schicksal, das, -e	....	Ich habe ihn getroffen. Es war Schicksal.
zueinander finden, gefunden	....	Wir haben sofort zueinander gefunden.

Stein, der, -e	....	Es gibt Menschen, die sammeln Steine.
Orientierung, die, *	....	Ich habe keine Orientierung. Wo sind wir?
im Dunkeln	....	Im Dunkeln kann man gar nichts sehen.
Trick, der, -s	....	Pass auf dein Geld auf, das ist ein billiger Trick.
2 4 Actionfilm, der, -e	....	Magst du Actionfilme?
Thriller, der, -	....	Ich sehe mir gern Thriller an.
Komödie, die, -n	....	Abends im Bett gucke ich nur Komödien.
Hauptrolle, die, -n	....	Wer spielt in dem Film die Hauptrolle?
2 5 a Leistung, die, -en	....	Seine Chefin ist mit seiner Leistung zufrieden.
Filmfestival, das, -s	....	Sie fahren zum Filmfestival nach Cannes.
Shooting Star, der, -s	....	Er ist ein Shooting Star in Hollywood.
Verfilmung, die, -en	....	Das ist die Verfilmung seines Lebens.
Schauspielschule, die, -n	....	Er ist auf die Schauspielschule gegangen.
Filmpreis, der, -e	....	Er will den Filmpreis gewinnen.

Nebenrolle, die, -n	....	Aber er spielt nur eine kleine Nebenrolle.
Magazin, das, -e	....	Er gibt ein Interview für ein Magazin.
Blindentrainer/in, der/die, -/-nen	....	Der Blinde arbeitet mit einem Blindentrainer.

3 Strategien und Strukturen

	Strategie, die, -n	....	Was jetzt? Ich brauche eine klare Strategie.
3 **1** a	**Kapitän/in,** der/die, -e/-nen	....	Der Kapitän liebt das Meer.
	Passagier/in, der/die, -e/-nen	....	Auf dem Schiff sind über 200 Passagiere.
	orientieren (sich)	....	Er kann sich überall schnell orientieren.
3 **1** b	**Gedächtnis,** das, -se	....	Er vergisst alles. Er hat ein schlechtes Gedächtnis.
3 **4**	*Morgengymnastik, die, **	....	Ich mache jeden Tag Morgengymnastik.
	rechte	....	Ich dehne zuerst das rechte Bein.
	linke	....	Dann hebe ich den linken Arm.
3 **6**	**Dame,** die, -n	....	Ich kenne diese Dame nicht.

*Horror, der, ***	....	Schrecklich. Das ist der Horror.
3 8 **Bewegung,** die, -en	....	Ich brauche mehr Bewegung. Ich fahre jetzt Fahrrad.
3 9 **Zeichnung,** die, -en	....	Die Zeichnung ist in schwarz/weiss.
setzen	....	Sie setzt das Kind auf den Stuhl.

4 Anette Stramel, Deutschlehrerin aus Frankfurt

4 1 *Brailleschrift, die, ***	....	Brailleschrift = Blindenschrift
Schrift, die, -en	....	Ich kann deine Schrift nicht lesen.
4 2 a **Zeile,** die, -n	....	Diese Zeilen verstehe ich nicht.
Lehrbuch, das, "-er	....	Das Lehrbuch hat 164 Seiten.
Mobilitätshilfe, die, -n	....	Ein Blindenhund ist eine Mobilitätshilfe.
4 2 b *Privatunterricht, der, ***	....	Er gibt zu Hause Privatunterricht.
Anrufer/in, der/die, -/-nen	....	Wer ist am Telefon? Ich kenne den Anrufer nicht.
Hörtext, der, -e	....	Der Hörtext ist auf der CD im Buch.

Arbeitsmittel, das, -	....	Karteikarten sind ein gutes Arbeitsmittel.
sehbehindert	....	Helfen Sie mir bitte über die Strasse? Ich bin sehbehindert.
Migrant/in, der/die, -en/-nen	....	In Deutschland leben viele Migranten.
gleichzeitig	....	Ich kann nicht gleichzeitig Musik hören und lesen.
Blindenschrift, die, *	....	Kannst du Blindenschrift?
Punkt, der, -e	....	Am Ende des Satzes steht ein Punkt.
mathematisch	....	Ich kann nicht gut mathematisch denken.
Note, die, -n	....	Kannst du nach Noten singen?
Lernende, der/die, -n	....	Die Lernenden haben täglich Unterricht.
Alltag, der, *	....	Mein Alltag ist viel zu stressig.
Langstock, der, "-e	....	Der Blinde findet den Weg mit dem Langstock.
Arbeitsblatt, das, "-er	....	Hast du die Arbeitsblätter kopiert?
Rente, die, -n: in Rente sein	....	Mein Vater arbeitet schon lange nicht mehr. Er ist in Rente.

Amtssprache, die, -n		In Tunesien ist Französisch die Amtssprache.
4 4 a übertragen, übertragen		Ich übertrage die Daten in mein Adressbuch.
Internetanschluss, der, "-e		Sie hat noch keinen Internetanschluss in der neuen Wohnung.
4 5 nett		Die Leute im Deutschkurs sind sehr nett.
Teilnehmer/in, der/die, -/-nen		Wir sind zwölf Teilnehmer und Teilnehmerinnen im Kurs.
4 6 *Redewendung, die, -en*		Wir lernen nützliche Redewendungen.
Licht, das, -er		Es ist so dunkel. Mach doch mal Licht an.
Tunnel, der, -		Jetzt fahren wir durch einen Tunnel.
kritisieren		Ich hasse ihn. Immer kritisiert er mich!
Personalchef/in, der/die, -s/-nen		Unsere Personalchefin ist sehr kühl.
Personal, das, *		Alle Personalchefs kritisieren ihr Personal.
zu viel		Unser Chef kritisiert zu viel!
Stecknadel, die, -n		Mach das Tuch doch mit einer Stecknadel fest.

Marketingabteilung, die, -*en*	....	Sie arbeitet in der Marketingabteilung.
Marketing, das, *	....	Das Marketing ist wichtig für eine Firma.
ein bisschen	....	Nimmst du ein bisschen Milch in den Kaffee?
optimistisch	....	Ich gucke optimistisch in die Zukunft.
Entwicklung, die, -en	....	Ja, es gibt positive Entwicklungen.

Übung

Ü1b Autor/in, der/die, -en/-nen	....	+ Kennst du die Autorin des Buches?
Ehefrau, die, -en	....	– Oh ja, sie ist meine Ehefrau.
theoretisch	....	+ Den theoretischen Teil versteht aber niemand.
Bestseller, der, -	....	– Das Buch ist trotzdem ein Bestseller.
Amerikaner/in (2), der/die, -/-nen	....	Ist deine Frau Amerikanerin?
Berufsleben, das, *	....	Sie hat ein anstrengendes Berufsleben.
ängstlich	....	Sei nicht so ängstlich. Der Hund ist doch lieb.

Ü1c **Leser/in,** der/die, -/-nen	....	Die Leser des Buches sind begeistert.
sorgen (sich)	....	Sorge dich nicht. Peter ist bald gesund.
Ü2 *jenseits*	....	Hier sind wir jenseits des Stadtlärms.
Stille, die, *	....	Herrlich, diese Stille in der Natur.
Ü2a *Klarinette,* die, -n	....	Sie spielt sehr gut Klarinette.
Talent, das, -e	....	Ja, sie hat wirklich Talent.
Aufnahmeprüfung, die, -en	....	Sicher besteht sie die Aufnahmeprüfung.
gehörlos	....	Ihre Eltern können die Musik nicht hören. Sie sind gehörlos.
Konzertsaal, der, *Pl.*: Konzertsäle	....	Der Konzertsaal ist voll.
Ü4a *worum*	....	Worüber redet ihr? Worum geht es?
klassisch	....	Wir sprechen über klassische Musik.
verletzen	....	Er ist verletzt. Er muss ins Krankenhaus.
Premiere, die, -n	....	Wann ist die Premiere von „Hamlet"?
Teppich, der, -e	....	Er geht über den roten Teppich.

152

Einheit 11

Ü5	*Filmset, das, -s*	....	Der Regisseur steht am Filmset.
Ü6	*Regieassistent/in, der/die, -en/-nen*	....	Die Regieassistentin kocht Kaffee für alle.
Ü7	**Besteck,** das, -e	....	Ich habe ein neues Besteck. Die Gabeln sind hässlich.
Ü8	*Erfinder/in,* der/die, -/-nen	....	Wer ist der Erfinder der Kaffeemaschine?
	Morsecode, der, -s	....	+ Verstehst du Morsecode?
	Strich, der, -e	....	– Nein, für mich sind das nur Striche.

12 Erfindungen und Erfinder

wozu	....	Wozu braucht man dieses Ding?
Zweck, der, -e	....	Es hat keinen Zweck. Es ist Kunst.
um zu	....	Er arbeitet, um Geld zu haben.
Vorgang, *der, "-e*	....	Das ist ein logischer Vorgang.

1 Erfindungen aus D-A-CH

1.1

erfinden, erfunden

Wer hat wann das Rad erfunden?

Jahreszahl, die, -en

Die Jahreszahl kann ich dir auch nicht sagen.

Aspirin, das, *

Mein Kopf tut weh! Hast du ein Aspirin?

Dieselmotor, der, -en

Das ist ein altes Auto mit Dieselmotor.

Kaffeefilter, der, -

Die Kaffeefilter sind schon wieder alle.

Buchdruck, der, *

Gutenberg hat den Buchdruck erfunden.

Reiseschreibmaschine, die, -n

Die Reiseschreibmaschine wurde 1935 konstruiert.

Teebeutel, der, -

Er nimmt zwei Teebeutel. Der Tee wird stark.

Zahnpasta, die, *Pl.:* Zahnpasten

Ich packe die Zahnpasta ins Waschzeug.

MP3-Format, das, -e

Die Datei ist im MP3-Format.

Klettverschluss, der, "-e

Die Schuhe haben Klettverschlüsse.

Bouillonwürfel, der, -

Mit dem Bouillonwürfel kann man schnell und einfach eine Suppe kochen.

Zeitpunkt, *der, -e*	....	Du kommst zum richtigen Zeitpunkt.
1 2 **Z**ahn, *der, "-e*	....	Ich möchte weisse Zähne haben.
Zähne putzen	....	Ab ins Bad – Zähne putzen!
*Ch**e**miker/in, der/die, -/-nen*	....	Sie hat lange als Chemikerin gearbeitet.
1 3 b **transport**ieren	....	Wie transportierst du den grossen Tisch?
irgendwạnn	....	Aber irgendwann hatte sie keine Lust mehr.
produzieren	....	Deutschland produziert viele Autos.
*H**e**rzproblem, das, -e*	....	Viele alte Leute haben Herzprobleme.
*M**e**dienrevolution, die, **	....	Das Internet war eine Medienrevolution.
Produktion, *die, -en*	....	In China ist die Produktion billiger als hier.
Schweizer/in, *der/die, -/-nen*	....	Er ist Schweizer. Er kommt aus Genf.
f**au**l	....	An die Arbeit! Sei nicht so faul!
zubinden, *zugebunden*	....	Er bindet sich die Schuhe zu.
*Ph**y**siker/in, der/die, -/-nen*	....	Er ist Physiker von Beruf.

bewegen	....	Beweg dich nicht! Ich mache ein Foto.
fl<u>a</u>ch	....	In einer flachen Landschaft kann man sehr gut Velo fahren.
Technolog<u>ie</u>, die, -n	....	Die moderne Technologie fasziniert mich.
F<u>o</u>rschungslabor, das, -e	....	Die Chemikerin arbeitet im Forschungslabor.
Ch<u>i</u>p, der, -s	....	Hast du einen Chip für den Einkaufswagen?

2 Erfindungen – wozu?

2 1

K<u>ü</u>hlung, die, *	....	Der Motor ist heiss. Die Kühlung geht nicht.
m<u>ö</u>glich (machen)	....	Sein Vater macht ihm das Studium möglich.
entw<u>i</u>ckeln	....	Die Kinder entwickeln sich schnell.
Fl<u>ie</u>ssband, das, "-er	....	Viele Arbeiterinnen stehen täglich am Fliessband.
Pat<u>e</u>nt, das, -e	....	Er hat ein Patent angemeldet.
n<u>ö</u>tig (sein)	....	+ Soll ich dir helfen? – Nein, das ist nicht nötig.
Schn<u>e</u>llkochtopf, der, "-e	....	Der Zürcher Max Keller hat das Patent für den Schnellkochtopf.

reduzieren	....	Das Geschäft reduziert die Preise.
Strom, *der, Sg.*	....	Man soll versuchen Strom zu sparen.
Sparschäler, *der, -*	....	Der Sparschäler wurde 1947 erfunden.
schälen	....	Kannst du schon die Kartoffeln schälen? Wir wollen bald essen.
Automobil, das, -e	....	Niemand sagt Automobil. Man sagt Auto.
Patentamt, das, "-er	....	Frag doch beim Patentamt.
lebendig	....	Wir führen die Tradition weiter und so bleibt sie lebendig.
2 **2** **bearbeiten**	....	Er muss den Text noch bearbeiten.
2 **3** **MP3-Player**, der, -	....	Wer hat den MP3-Player erfunden?
2 **4** c **Filtertüte**, die, -n	....	Ich brauche eine Filtertüte, um Kaffee zu machen.
2 **5** **Absicht**, die, -en	....	Entschuldige, das war keine Absicht.
2 **7** b **gleich**	....	Unser Sohn hat den gleichen Namen wie sein Grossvater.
2 **8** **Tatsache**, die, -n	....	Die Erde ist rund. Das ist eine Tatsache.

3 Schokolade

3 1 *Kakaobohne, die, -n* .... Diese Kakaobohnen kommen aus Nicaragua.

Kakao, der, * .... Der Kakao schmeckt sehr gut.

importieren .... Deutschland importiert Kaffee und Kakao.

Medizin, die, * .... Die Medizin schmeckt bitter.

Trinkschokolade, die, -n .... Eine heisse Trinkschokolade mit Sahne, bitte.

bitter .... Igitt, die schmeckt ja bitter!

ändern .... Ich kann die Situation leider nicht ändern.

so genannte .... Das ist eine so genannte Conche.

Conche, die, -s (Abk. Conchiermaschine) .... + Wie heisst die Maschine? – Conche.

weich .... Es ist so warm. Die Schokolade wird weich.

Prozess, der, -e .... Diese Entwicklung war ein langer Prozess.

verbessern .... Es ist nicht perfekt, man kann es verbessern.

***Produktionsmethode,** die, -n*	....	Diese Produktionsmethode ist sehr modern.
formen	....	Man kann verschiedene Figuren formen.
Herstellung, die, *	....	Die Herstellung von Autos ist komplex.
***Umsatz,** der, "-e*	....	Die Firma macht viel Umsatz.
Milliarde, die, -n	....	Er hat schon eine Milliarde verdient.
Produzent/in, der/die, -en/-nen	....	Der Produzent des Films ist bekannt.
Kräuter, die, *Pl.*	....	Er kocht immer mit frischen Kräutern.
3 6 **abfüllen**	....	Soll ich dir ein Glas Konfitüre abfüllen?
zum Schluss	....	In dem Film sterben zum Schluss alle.
3 7 a herstellen	....	Was stellt diese Fabrik her?

4 Die süsse Seite Österreichs

4 1 **überfliegen,** überflogen .... Ich habe die Zeitung nur schnell überflogen.

Sachertorte, *die, -n*	....	Möchtest du ein Stück Sachertorte zum Tee?
Geheimnis, das, -se	....	Sag es niemandem. Es ist ein Geheimnis.
wohl	....	+ Du magst wohl keine Sachertorte?
streng	....	– Doch, aber ich habe einen strengen Ernährungsplan.
hüten	....	Wer hütet heute Abend die Kinder?
überzeugen	....	Das Argument überzeugt mich nicht.
einzigartig	....	Dieses Bild von Picasso ist einzigartig.
Geschmack, der, "-er	....	Der Geschmack ist mir zu bitter.
überraschen	....	Was machst du hier? Ich wollte dich überraschen.
Geschäftspartner/in, der/ die, -/-nen	....	Er trifft seinen Geschäftspartner im Büro.
exklusiv	....	Dieses Angebot ist exklusiv für Sie!
jährlich	....	Wie viel verdient er jährlich?
von Hand	....	Diese Produkte sind von Hand hergestellt.
glacieren	....	Sie glaciert den Kuchen.

Rohstoff, der, -e	....	Bald gibt es auf der Erde zu wenig Rohstoffe.
verarbeiten	....	Wir verarbeiten nur die besten Rohstoffe.
Tonne, die, -n	....	Eine Tonne sind tausend Kilo.
Marillenmarmelade, die, -n	....	Die Marillenmarmelade schmeckt lecker.
Naturprodukt, das, -e	....	Wir verkaufen nur Naturprodukte.
Konservierungsmittel, das, -	....	Wir benutzen keine Konservierungsmittel.
markenrechtlich geschützt	....	Unsere Produkte sind markenrechtlich geschützt.
optimal	....	Wir bieten optimalen Service.
Haltbarkeit, die, *	....	Unsere Produkte haben eine lange Haltbarkeit.
gewährleisten	....	Wir können optimale Qualität gewährleisten.
empfehlen, empfohlen	....	Ich empfehle Ihnen diesen Wein zum Essen.
Lagerung, die, -en	....	Die richtige Lagerung des Weins ist wichtig.
ungesüsst	....	Ich trinke Kaffee lieber ungesüsst.

	Schlagobers, der, * (österr. für Schlagsahne)	....	Aber süssen Schlagobers mag ich.
4 2	**Qualität,** die, -en	....	Die Qualität dieses Weines ist sehr gut.
	kühl	....	Kühl schmeckt das Dessert am besten.
	lagern	....	Ich habe ihn auch optimal gelagert.
4 3	*Konditor/in, der/die, -en/- nen*	....	Dieser Konditor macht leckere Kuchen.
4 4	**Ablauf,** der, "-e	....	Wir müssen den Ablauf für morgen planen.
4 4 b	**nach und nach**	....	Nach und nach gewöhne ich mich an alles.
	Teig, der, -e	....	Der Teig für den Kuchen ist fertig.
	rühren	....	Er rührt nervös in seiner Tasse.
	Eischnee, der, *	....	Ist der Eischnee schon fest?
	unterheben	....	Ja, du kannst ihn unter den Teig heben.
4 5	*Schokoladenfondue, das, -s*	....	Heute kommen Freunde zum Schokoladenfondue.
4 5 a	**Jahreszeit,** die, -en	....	Das machen wir oft in der kalten Jahreszeit.
	vorsichtig	....	Sei bitte vorsichtig mit den teuren Tellern.

erwärmen	....	Man muss die Schokolade vorsichtig erwärmen.
verrühren	....	Sie verrührt die Eier und das Mehl.
zugeben, zugegeben	....	Dann gibt sie die Butter zu.
eintauchen	....	Er taucht den Löffel in den Kaffee ein.

4 **5** b *Rüebli, das, -s* .... Isst du gern Rüebli-Kuchen?

Mandel, die, -n .... Ich mag süsse Mandeln.

enthalten, enthalten .... Dieser Wein enthält wenig Alkohol.

Kirschwasser, das, - .... Enthält das Kirschwasser Alkohol?

Kultobjekt, das, -e .... Diese Motorräder sind Kultobjekte.

Übungen

Ü **1** a **weggehen**, weggegangen .... Er ist nicht mehr da. Er ist weggegangen.

Neugier, die, * .... Voller Neugier entdecken kleine Kinder die Welt.

Finale, das, - .... Das Finale wird spanndend.

Fachgebiet, das, -e	....	+ Welches Fachgebiet studierst du?
Informatik, die, *	....	Nach der Matur will er Informatik studieren.
Mathematik, die, *	....	Reine Mathematik finde ich langweilig.
Physik, die, *	....	Ihr Lieblingsfach ist Physik.
Recht	....	Ueli macht eine Weiterbildung im Fachbereich Recht.
konstruieren	....	Er konstruiert gerne Modelle.
magnetisch	....	Es gibt einen geografischen und einen magnetischen Nordpol.
hervorragend	....	Ihr Deutsch ist hervorragend! Seit wann lernen Sie die Sprache?
Puplikumspreis	....	Sarah hat den Publikumspreis gewonnen.
Ü**2** **Jugend,** die, *	....	Mein Grossvater musste schon in seiner Jugend arbeiten.
forschen	....	Man forscht an einer neuen Technik.
Ü**2**b *veranstalten*	....	Unsere Stadt veranstaltet ein Festival.
Forscher/in, der/die, -/-nen	....	Dieser Forscher hat interessante Theorien entwickelt.
Geowissenschaften, die, Pl.	....	– Ich studiere Geowissenschaften.

Ü3b *Sonnenenergie, die, **	....	Wir wollen die Sonnenenergie besser nutzen.
tasten	....	Sie tastete nach ihrer Brille.
Ü5a *erteilen*	....	Leider muss ich Ihnen eine Absage erteilen.
Hauptsitz, der, -e	....	Der Hauptsitz der Firma ist in Hamburg.
Dienststelle, die, -n	....	Seine Dienststelle ist in Köln.
Ü6a verpassen	....	Sie hat den Zug leider verpasst.
Ü9a *Gummibärchen, das, -*	....	Kinder lieben Gummibärchen.
Bär, der, -en	....	Bären sind gefährliche Tiere.
Studie, die, -n	....	Das Ergebnis der Studie überrascht mich.
Ü9b *bei Jung und Alt*	....	Dieser Star ist bei Jung und Alt bekannt.
Untersuchung, die, -en	....	Das Ergebnis der Untersuchung ist negativ.
Ü10a Masse, die, -n	....	Die Masse wird verrührt.
Tortenform, die, -en	....	Dann gibt man sie in die Tortenform.
Backpulver, das, *	....	+ Hast du das Backpulver vergessen?

mischen	....	– Nein, ich habe das Backpulver unter das Mehl gemischt.
Eigelb, das, -e, *aber*: drei Eigelb	....	Dann habe ich das Eigelb getrennt./Es kommen drei Eigelb in den Kuchen.
Eischnee, der, *	....	Das Eiweiß wird zu Eischnee geschlagen.
unterheben, untergehoben	....	Der Eischnee wird untergehoben.
Zutat, *die*, *-en*	....	Alle Zutaten werden verrührt.
schaumig	....	Das Bier ist schön frisch und schaumig.
Zuckerglasur, *die*, *	....	Der fertige Kuchen wird mit Zuckerglasur überzogen.
Puderzucker, der, *	....	Am Schluss kommt Puderzucker drauf.
überziehen, überzogen	....	Der Kuchen wird mit Puderzucker überzogen.
reiben, gerieben	....	+ Hast du die Möhre gerieben?
mahlen	....	Ja, aber wo sind die gemahlenen Mandeln?
hinzugeben, hinzugegeben	....	Ich habe sie schon hinzugegeben.

Station 4

1 Berufsbild Hotelfachmann/Hotelfachfrau

Hotelfachmann/Hotelfachfrau, der/die, „-er, -en	....	Er ist Hotelfachmann von Beruf.
1❶a *Hotelmanager/in,* der/die, -/-nen	....	Er will später Hotelmanager werden.
1❶a *bedienen*	....	Der Kellner bedient die Gäste.
Saison, die, -s	....	In dieser Saison kommen viele Touristen.
Schlittschuh laufen	....	Im Winter kann man auf dem See Schlittschuh laufen.
Schlitten, der, die	....	Schlitten fahren macht Spass.
Weltwirtschaftsforum, das, Weltwirtschaftsforen	....	Das 40. Weltwirtschaftsforum war in Davos.
Buffet, das, -s	....	Für die Gäste gibt es mittags ein Buffet.
1❷ *Mischung,* die, -en	....	Jung und alt. Das ist eine gute Mischung.
Betriebswirtschaft, die, *	....	Er studiert Betriebswirtschaft.

Rezeption, die, -en	....	Ich arbeite im Hotel an der Rezeption.	**168**
Zimmerservice, der, *	....	Unser Zimmerservice gefällt den Gästen.	
Betreuung, die, *	....	Die Betreuung der Kinder ist kein Problem.	
Atmosphäre, die, -n	....	Die Atmosphäre ist freundlich.	
1 **3** a *Ausbildungsberuf, der, -e*	....	Coiffeur ist ein Ausbildungsberuf.	
1 **4** *Arbeitstag, der, -e*	....	Er hat einen langen Arbeitstag.	
zusammenstellen	....	Stellen Sie sich Ihr Menü selbst zusammen!	
einteilen	....	Ich muss mir mein Geld gut einteilen.	
bestätigen	....	Ich kann Ihre Vermutung bestätigen.	
1 **6** *Hotelhalle, die, -n*	....	Die Gäste sitzen in der Hotelhalle.	
Halle, die, -n	....	Im Winter trainieren die Spieler in der Halle.	

2 Grammatik und Evaluation

2 **1** *holen*	....	Ich hole dir ein Bier aus dem Kühlschrank.

2 **3**	*Notizblock, der, "-e*	....	Ich schreibe die Adresse in den Notizblock.
2 **4**	*Hörer, der, -*	....	Gib mir den Hörer, ich will mit Beat sprechen.
2 **5**	*fremd*	....	Ich bin ganz fremd hier. Alles ist neu.
	Originalsprache, die, -n	....	Sie sieht die Filme oft in der Originalsprache.
	vorankommen, vorangekommen	....	Bist du mit der Arbeit gut vorangekommen?
2 **7**	*Regenschirm, der, -e*	....	Es regnet. Hast du einen Regenschirm?
	elektronisch	....	Er verkauft elektronisches Spielzeug.
	Klassiker, der, -	....	Dieses Lied von den Beatles ist ein Klassiker.

3 Mit 30 Fragen durch *studio d A2*

höchstens	....	Ich zahle höchstens 3500 Euro für das Auto.
Spielfigur, die, -en	....	Ich nehme die rote Spielfigur.
Spielregel, die, -n	....	Habt ihr die Spielregeln verstanden?
würfeln	....	Du musst zuerst würfeln.

Startfeld, *das, -er*	....	Das Startfeld ist hier oben links.
zurückgehen, *zurückgegangen*	....	Gehst du wieder zurück zu deinen Eltern?
rausschmeissen, *rausgeschmissen*	....	Nein, die haben mich rausgeschmissen.
Gegner/in, *der/die, -/-nen*	....	Gegen welchen Gegner muss ich spielen?
chronologisch	....	Die Geschichte muss man chronologisch erzählen.
chinesisch	....	Er hat eine chinesische Freundin.

4 Magazin: Weihnachtsseite

Vorweihnachtszeit, *die, **	....	In der Vorweihnachtszeit kaufen die Leute Geschenke.
Adventssonntag, *der, -e*	....	Am Adventssonntag brennen die Kerzen.
festlich	....	Der Tisch ist festlich gedeckt.
Weihnachtsmarkt, *der, "-e*	....	Wir gehen zum ersten Advent auf den Weihnachtsmarkt.
Tannenzweig, *der, -e*	....	Tannenzweige werden geschmückt.
Adventskranz, *der, "-e*	....	Auf dem Tisch steht ein Adventskranz.

Plätzchen, *das, -*	....	Die Kinder backen Plätzchen.
Weihnachtsstollen, *der, -*	....	Marlies backt leckeren Weihnachtsstollen.
Bescherung, *die, -en*	....	Die Kinder freuen sich auf die Bescherung.
Festessen, *das, -*	....	Abends gibt es ein leckeres Festessen.
Bratapfel, *der, "-*	....	Isst du gern Bratäpfel?
knallen	....	Der Schuss hat laut geknallt.
zischen	....	Die Flasche zischt, wenn man sie aufmacht.
auftischen	....	Ihr habt ein leckeres Essen aufgetischt!
Romantik, *die, **	....	Unser Urlaub war voller Romantik.
Engel, *der, -*	....	Danke für die Hilfe. Du bist ein Engel.
Nussknacker, *der, -*	....	Den Nussknacker benutze ich nur in der Weihnachtszeit.
virtuell	....	Manche Computerfans leben in einer virtuellen Welt.
still	....	Hier in der Natur ist es ganz still.
wachen	....	Die Eltern wachen über ihr Kind.

tr_au_t	....	Das ist mein trautes Zuhause.
hochh_ei_lig	....	Maria und Joseph sind das hochheilige Paar.
h_o_ld	....	Sie hören die holden Engel singen.
Kn_a_be, *der, -n*	....	Ein kleiner Knabe ist geboren.
l_o_ckig	....	Er hat lockige Haare.
h_i_mmlisch	....	Ich finde das Essen himmlisch. Ganz toll!
Entst_e_hungsgeschichte, *die, -n*	....	Kennst du die Entstehungsgeschichte des Liedes?
_e_wig	....	Nein, aber das ist ja auch ewig lange her.
H_i_lfspriester/in, *der/die, -/-nen*	....	Er ist Hilfspriester in der Dorfkirche.
kompon_ie_ren	....	Wer hat dieses Lied komponiert?
Melod_ie_, *die, -n*	....	Die Melodie kennt doch jeder.
be_ei_len	....	Beeil dich, wir sind zu spät.
G_o_ttesdienst, *der, -e*	....	Der Gottesdienst fängt um 10 Uhr an.
um die W_e_lt gehen	....	Die Nachricht ging sofort um die Welt.

studio d A2
Schweizer Ausgabe
Deutsch als Fremdsprache
Vokabeltaschenbuch

Umschlaggestaltung: Klein & Halm Grafikdesign, Berlin
Layout und technische Umsetzung: zweiband.media, Berlin

www.cornelsen.de

1. Auflage, 3. Druck 2013

Alle Drucke dieser Auflage sind inhaltlich unverändert und können im Unterricht nebeneinander verwendet werden.

© 2011 Cornelsen Verlag, Berlin
© 2013 Cornelsen Schulverlag GmbH, Berlin

Das Werk und seine Teile sind urheberrechtlich geschützt. Jede Nutzung in anderen als den gesetzlich zugelassenen Fällen bedarf der vorherigen schriftlichen Einwilligung des Verlages.

Hinweis zu den §§ 46, 52 a UrhG: Weder das Werk noch seine Teile dürfen ohne eine solche Einwilligung eingescannt und in ein Netzwerk eingestellt oder sonst öffentlich zugänglich gemacht werden. Dies gilt auch für Intranets von Schulen und sonstigen Bildungseinrichtungen.

Druck: H. Heenemann, Berlin

ISBN 978-3-06-520581-8

Inhalt gedruckt auf säurefreiem Papier aus nachhaltiger Forstwirtschaft.